寮 美千子

Ryo Michico

西日本出版社

あふれでたのは
やさしさだった
奈良少年刑務所
絵本と詩の教室

刑務所に入るような人は、がさつで凶暴な人だろう。
何を考えているのかわからない恐ろしい人に違いない。
漠然とそう思っていた。
ところが奈良少年刑務所で出会った少年たちは、まったく違っていた。
想像を絶する貧困のなかで育ったり、親からはげしい虐待を受けたり、
学校でいじめられたり……。みんな、福祉や支援の網の目からこぼれつづけ、
加害者になる前に被害者であったような子たちだった。
それぞれが、自分を守ろうとして、自分なりの鎧を身につけている。
いつも無意味に笑っている、わざとふんぞりかえる、
殻に閉じこもる、くだらない冗談を連発する、妙に姿勢がいい……。
千差万別のその鎧は、たいがい出来がよくなくて、
自分を守るよりも、自身をさらなる窮地に追いこんでしまう悲しい代物だった。
それも仕方ない。周囲に助けてくれる大人もいないなか、

幼い彼らが必死で考案し、身につけてきたものなのだから。
そんな彼らは、心の扉を固く閉ざしていた。自分自身の感情もわからないほどに。
けれども、その鎧を脱ぎ捨て、心の扉を開けたとたん、
あふれでてきたのは、やさしさだった。
重い罪を犯した人間でも、心の底に眠っているのはやさしさなんだ。
ほんとうはだれもが、愛されたいし、愛したい。人間って、いい生き物なんだ。
彼らに出会って、わたしはそう確信するようになった。
心の扉を開いた鍵は「詩」。そして受けとめてくれる「仲間」の存在。
「自己表現」＋「受けとめ」は、傷ついた彼らの心を確実に癒やしていった。
二〇〇七年から足かけ十年、「社会性涵養プログラム」の一環として、
奈良少年刑務所で行なってきた「物語の教室」の軌跡を記した。
奇跡だと思ったけれど、違った。百八十六名、一人として変わらない子はいなかった。
彼らのほんとうの姿を、この記録を通じて、知っていただければ、幸いです。

目次

詩作品出典 『空が青いから白をえらんだのです 奈良少年刑務所詩集』新潮文庫
『世界はもっと美しくなる 奈良少年刑務所詩集』ロクリン社

赤煉瓦に導かれて

坂の上の赤煉瓦

赤いクロスバイクを二台連ね、京街道を北へと走る。古くから奈良と京都を結ぶ旧街道だ。東大寺の転害門を右に見る。千年以上前からそこに建っているのに、まるで当たり前の顔をしているのが、いかにも「奈良」だ。造り醤油屋の前を通過すると、風にほのかにもろみの香りがする。古きよき街並みを走り抜け、佐保川にかかった小さな石橋を渡ると、急な坂道になる。この坂をのぼりきったところにある赤煉瓦が、目的地だ。

狭い坂道の両脇には、鍾馗さまを屋根に乗せた黒瓦の民家が建ち並んでいる。その向こうの坂の上に広がる抜けるような青空の下、赤い煉瓦塀が見えてきた。ああ、あれが見たくて、わたしたちはここまで自転車を漕いできたのだ。

高い煉瓦塀に沿って少し走ると、門が見えてきた。わが目を疑った。古都奈良に突然、ヨーロッパの町角が出現した。いや、丸屋根はイスラム風、軒下の飾りはイタリア風、正面アーチはイギリス風。彼方の土地の文化が一つに融けあって、まるで無国籍のおとぎの国への入口だ。りっぱなのに不思議と威圧感がない。

門も、なかの建物も明治四十一年の竣工で、築百年を迎えようとしている。明治五大監獄のうち、唯一現存する赤煉瓦建築だ。明治の人は、なぜここに、こんなにもりっぱな建物を造ったのか。「監獄」なのに、こんなにも美しい建物を。不思議でならなかった。

二〇〇六年夏、それが「奈良少年刑務所」との出会いだった。首都圏から奈良に越してきてすぐ、近代建築好きの夫とわたしは、明治の名煉瓦建築があると聞いて訪ねてきたのだ。そのすばらしさは想像をはるかに超えていた。アラベスク模様の門扉の向こうをそっとのぞくと、西洋式の広い前庭の向こうに、城のような煉瓦の建物がそびえていた。結界が張られたように、門の向こう側には張りつめた異空間があった。そこに流れる時間も空間も、門のこちら側の世界とはまるで違うもののように感じられた。焦がれるように、入ってみたいと思ったが、もちろん、叶うはずもない。

ところが、その願いは、存外早く叶うことになった。二カ月後の九月九日と十日の二日間、奈良少年刑務所を一般公開する「矯正展」が行なわれるという。露店が並び、刑務所製品を販売し、見学コースも用意されると聞いた。わたしたちは、その日を心待ちにした。

そのとき、わたしたちはまだ知らなかったのだ。「矯正展」でなにがわたしたちを待ち受けているのかを。そして、その出会いが、人生を思わぬ方向に導き、結界の向こう側の異空間に引き込まれるのを。人間観も世界観も変わるようなすばらしい体験をして、自分たちも大きく変わってゆくことを。

みんなやさしかった

翌二〇〇七年から一七年までの足かけ十年、わたしと夫の松永洋介は、奈良少年刑務所で受刑者に詩を書いてもらう教室の講師をしてきた。松永はデザイナー、わたしは童話や小説を書く作家、どちらも教員免許を持っていない教育の素人だ。ひょんなことから、講師を引き受けることになってしまったのだが、わたしたちの授業は、思のほか高い成果をあげた。それは刑務所のなかでも評判になるほどだった。

受講生の一人が、固く閉ざしていた心の扉を開くと、連鎖反応のように、次から次に心の扉が開かれる。すると、みんなが心の奥にしまっていたつらい体験や、悲しい出来事を堰を切ったように語りだす。それをきっかけに、とめどなく「やさしさ」があふれてくる。仲間を慰める言葉、自分も同じだったと共感する言葉が、教室にあふれかえるのだ。

わたしには、彼らの口から転がりだしてくる言葉がみな、真珠のようなやわらかな輝きを帯びているように感じられた。殺人などの重い罪を犯した彼らから、そんなにも美しくやさしい言葉が飛びだしてくることに驚き、涙せずにはいられなかった。なんだ、みんないい子じゃないか、ほんとうはやさしいんだ。こんな子たちが、どうして重い罪を犯してしまったのだろうか。心底不思議に思った。

友からやさしい言葉を浴びた少年たちは、わたしの目の前で変わっていった。まるで蛹から蝶になるように一瞬にして変わる様子を、何度目にしたことだろう。まったく無表情だった少年が微笑み、はげしいチック症状がピタッと止まり、吃音が消え、ならず者のような子が自ら姿勢を正し、ひどく引っこみ思案の子が手を挙げ発言するようになった。魔法だった。奇跡だと思った。偶然だろう、と最初は思った。「なにかの加減で、たまたまうまくいっただけだ。いや、メンバーがよかったのだ」と自分に言い聞かせた。こんなミラクル、そうそう起こるものではない、と。

しかし、回を重ね、メンバーが変わっても、やっぱり同じことが繰り返し起きるのだ。まるで理科実験室で行なう化学反応のように。

詩によって自分を表現する。それをだれかに受けとめてもらう。たったそれだけのことで、人はこんなにも変わる。言葉にそんな力があったのか、と驚きを禁じ得なかった。自身が詩も書く作家であるのに、そこまで言葉の力を信じていなかった。

もしかしたら彼らは、家庭でも学校でも社会でも、それだけの受けとめもしてもらえないまま、ここまで来てしまったのかもしれない。だからこそ、信頼できる教官や仲間に出会い、わずか半年で、こんなに劇的な効果をあげたのかもしれない。

足かけ十年で合計百八十六名の受刑者が「社会性涵養プログラム」を受講した。授業は月に三回しかなく、詩の教室は、そのなかの一回にすぎなかった。しかも、たった六カ月で終了だ。それなのに、一人として変わらない子はいなかった。大きい小さいの違いはあっても、みな、いい方向に変化した。彼ら自身が「生きやすく」なっていくのが、目に見えてわかった。さまざまな縛(しば)りや不安から解き放たれ、すなおな自分自身に戻っていくことで、呼吸が楽になり、人と対話できるようになっていった。わたし自身も彼らの役に立っていることを実感できて、自己肯定感を増すことができた。

わたしは確信した。「生まれつきの犯罪者」などいないのだと。人間は本来、やさしくていい生き物だ。それが成長の過程でさまざまな傷を受け、その傷をうまく癒やせず、傷跡が引きつったり歪(ゆが)んだりして、結果的に犯罪へと追い込まれてしまう。そんな子でも、癒やされ、変われることがあるのだと、心から信じられるようになった。

教室を通してもう一つわかったことは、彼らがみな、加害者である前に被害者であったということだ。困難な背景もないままに、持って生まれた性質だけで犯罪に至った子など、一人もいなかった。「わたしだって、彼らのような目にあえば心を閉ざし、世界を恨みたくなる」と思うような悲惨な生育歴も数多く聞いた。

「刑務所」や「犯罪者」に対して、わたしがそれまで漠然と抱いていたイメージは大きく覆(くつがえ)された。彼らはわたしたちと、なんら変わらない人間だ。

はじめて知ったその事実を、なんとか世間の人々に伝えたいと思い、『空が青いから白

をえらんだのです 奈良少年刑務所詩集』と『世界はもっと美しくなる 奈良少年刑務所詩集』の二冊の詩集を編纂し出版した。受刑者の詩を掲載するだけではなく、授業の様子を短くコメントにつけたノンフィクションに近い本だ。

この本は大きな反響を呼んだ。新聞や雑誌にも紹介され、ネット書店アマゾンの「詩集」ジャンルで一位になったことも一度ならずある。受刑者の詩が、中原中也や谷川俊太郎などの詩集を抜いて一位に躍りでたのだ。すばらしいことではないか。詩を書いた彼らに誇らしく思ってほしい、それを糧に強く生きていってくれれば、と願った。それを伝えたかったが、出所した彼らと、こちらから連絡を取る手段がないのがもどかしかった。

これがきっかけで、刑務所の話を講演するようになった。世間に大きく誤解されている少年犯罪者のほんとうの姿を伝えるため、できうるかぎり受けることにしている。すると「講演での話を本にしてほしい」と言われるようになった。「授業の様子や少年たちのことを詳しく書いたものを読みたい」と言うのだ。続編を乞われても固辞し続けてきたが、ある事件をきっかけに、気持ちが変わった。

神奈川県で、二つの大きな事件があった。一つは、二〇一六年、「津久井やまゆり園」

で起きた相模原障害者施設殺傷事件。「障害者は社会の重荷でしかない」と考える若者が、施設で十九人の利用者を殺害した悲惨な事件だ。彼はあくまでも「政府が望むことを自分が実現した」と思いこんでおり、死刑判決が出ることは絶対にないと信じていたようだ。

もう一つは、二〇一七年、座間市で九人を連続殺害し遺棄した事件だ。容疑者は、ツイッターで「死にたい」と発信している人を探しだし、「いっしょに死のう」と誘いだして、次々に殺害した。わたしたちが奈良に越す前に住んでいたすぐ隣町だったこともあって、あまりにも生々しく身近に感じられ、強い衝撃を受けた。

どちらも信じられないほど残忍な犯罪だ。今生だけでは償うことのできないほど重い罪だと思う。しかし、すでに刑務所で長く受刑者たちと触れあってきたわたしには、容疑者が単なる「理解不能のモンスター」で「生まれつきの異常者」であるとは思えなかった。きっとなにかの理由と経緯があって、そんなことになってしまったのだろうと感じた。

容疑者に対しては「極刑を」の大合唱が起きた。違和感を覚えたが、振り返れば、わたし自身もまた、かつては、犯罪者を漠然と「恐い人」だと思いこんでいた、ということに気がついた。刑務所の講師の仕事を頼まれたときには、正直恐いと思ったし、躊躇もした。ところが、受刑者たちと実際に触れあうことで、「人間はいい生き物だ」「人は変われる」と確信することができるようになったのだ。この経験を一人でも多くの人に伝えなくてはならない、そのために本を書こう、と考えるようになった。

もう一つ、二〇一七年三月に、奈良少年刑務所が、百九年の歴史を閉じて廃庁になったことも、執筆を決意した要因になった。わたしたち夫婦が奈良少年刑務所と関わるようになったのは、明治の名煉瓦建築である建物に心惹かれて訪れたことがきっかけだった。二人で講師を始めた当初から、建物の保存を強く願ってた。「建物保存の声を盛りあげるためには、まず建物の美しさを知ってもらわなければならない」と、二〇一〇年二月、東京から写真家・上條道夫氏を招いて撮影をしてもらい、写真展を開催するなどの活動を、夫と二人で細々と続けてきた。ところが二〇一四年四月、「いよいよ壊されるらしい」との噂話が聞こえてきた。慌てたわたしたちは、地元の自治会の人々と力を合わせ、設計者の孫であるジャズピアニストの山下洋輔氏に代表になってもらい「奈良少年刑務所を宝に思う会」を立ちあげた。その活動はわずか二年足らずで成就、二〇一六年七月に保存が決定した。ところが、それと同時に、翌年三月いっぱいでの廃庁が発表されたのだ。

思わぬ展開だった。保存のための活動は長期に及ぶだろうと覚悟していた。驚くほど短期間で結果が出たのは心底うれしかったのだが、まさかこんなにすぐに廃庁になるとは。奈良少年刑務所の建物は国の重要文化財に指定され、「旧奈良監獄」という名で残ることになった。建物は、民間委託され、行刑（ぎょうけい）資料館とホテルとして活用されるという。しかし、戦後七十年を超えて営々と更生（こうせい）教育の伝統を育んできた「奈良少年刑務所」は消滅してしまうのだ。建物というハードは残っても、そこで行なわれてきた教育というソフトは、もうそこにはなくなってしまう。

記録を残さなければならない、と思った。わたしが関わったのはわずかな部分だ。けれど、それを知ってもらうだけでも、「奈良少年刑務所」がどんなところだったのか、そこにいた受刑者たちがどんな少年たちだったのかを、知ってもらうことができるだろう。二冊の詩集に重ねて、本書を上梓することは、屋上屋を重ねるようで恐縮だが、あえて書かせてもらうことにしたのは、そのためだった。

「奈良少年刑務所」から旅立っていった若者たちが、強い差別の目にさらされることを、少しでも軽減できれば、と思う。きっとこの本は、子育てに迷っている人や、自分自身が苦しい思いをしている人の役に立つこともできるだろう。

なぜなら、このプログラムは、受刑者を変えただけではなく、刑務所の教官たちとわたしたち講師、つまり指導者側まで変えてしまう力があったのだから。

近代建築見たさで刑務所へ

奈良少年刑務所の出会いと、講師をすることになったきっかけからはじめたい。

二〇〇六年七月、わたしは神奈川県相模原市から奈良県奈良市へと移住した。その前年、長編小説『楽園の鳥 カルカッタ幻想曲』で泉鏡花(いずみきょうか)文学賞を受賞。受賞の報を受けて即座に「これで東京を離れられる！」と思った。子どもの頃から、地方都市に住むことが夢だったのだ。大きな賞だから、今後は東京にいなくても、仕事ができるだろう、と踏んだ。自由業の強みだ。

移住先に選んだのは奈良。高校の修学旅行で訪れたときから、心惹かれていた。法隆寺の崩(くず)れかけた土塀(どべい)、東大寺の二月堂裏参道のすり減った石段と築地塀(ついじべい)。そんなものにぐっとくる渋い趣味の高校生だった。

だからといって、奈良に通い詰めるようなこともなかったのだが、いくつかの出会いがわたしを奈良に導いてくれた。伝統工芸を求めて出会った漆の塗師の樽井禧酔氏がとてつもなく魅力的な人だったこと、正倉院展や東大寺のお水取り、仏教や古事記を学ぶ場が数多くあることなどに強く惹かれた。ともかく、わたしたちは神奈川のマンションを引き払って、親類もいない奈良に引っ越すことに決めた。わたしが五十歳の夏のことだ。

引っ越し先は、奈良市旧市街「ならまち」の南の果てにあるマンション。といっても町が小さいので、町の北にある東大寺まで歩いても三十分ほどだ。奈良少年刑務所は、その東大寺からさらに歩いて十分ほどの坂の上にあったが、当時はその存在を知らなかった。

引っ越した当初は、毎日が旅行者気分。いや、干支を一巡りして十二年目となるいまも、その気分は続いている。ともかく見るもの聞くもの、面白くてならない。なにしろ、世界遺産のまっただなかに住んでいるも同然。ちょっと歩けば、元興寺、興福寺、東大寺、新薬師寺があり、大仏さまも阿修羅像もみなお隣さま。春日大社やご禁制の森も、徒歩圏内だ。そう、信じられないことに、奈良には町のなかに手つかずの原始林がある。神の森として神聖視されてきたからだ。町並みもすばらしい。江戸の風情を残すしっとりした格子の町並みが続いている。そのなかにしゃれた雑貨店やカフェがあり、昔ながらの店と共存している。夫とお揃いの赤いクロスバイクを買って、二人で散々走り回った。

そんなとき、奈良少年刑務所という明治の名煉瓦建築があると知って、見にいったというわけだ。奈良市の旧市街の南の端にあるわが家から、北の端にある奈良少年刑務所までは、県庁や東大寺の脇を通って、自転車でわずか二十分強だった。

年に一度の一般開放「矯正展」

二〇〇六年九月九日、待ちに待った矯正展が開かれた。固く閉ざされていたアラベスク模様の門扉は開け放たれ、多くの人で賑わっていた。まるでお祭りのような騒ぎだ。前庭には、ずらりとテントが張られ、さまざまな刑務所製品が売られていた。本格派の家具、靴や鞄、シーツなどの布製品。どれもしっかりした作りだ。

刑務所を案内するツアーがあると聞きつけて申し込んだが、当日はもう定員いっぱいだったので、明朝、早めに来てまた申し込むことにした。

まずは、露店やバザーを見て歩いた。奥にある体育館に入ると、受刑者の作品が展示されていた。絵、陶芸作品、詩、短歌や俳句など、みな刑務所のクラブ活動で作られた作品だという。そこに足を踏みこんだことが、わたしの運命を大きく変えた。

一枚の水彩画に目を奪われた。刑務所のなかの建物を描いた作品だが、実に几帳面(きちょうめん)に煉瓦の一枚一枚が描かれている。この建物の煉瓦は、旧奈良監獄の受刑者が自分たちで作った手作り煉瓦だという。だから、一枚一枚、風合いが違う。それを積み重ねたからこそ、独特の美しさがあるのだ。現在の工業製品の煉瓦では、逆立ちしても真似のできない美しさだ。水彩画には、その一枚一枚の微妙な色の違いまで描き込まれていた。刑務所のなかでいくら時間があるからといっても、これは几帳面にすぎる。こんなに細かい神経の持ち主だったら、世間にいたとき、さぞかし苦しかったのではないか、と心配になった。

詩や俳句の展示でも、胸を鷲(わし)づかみにされた。

振り返りまた振り返る遠花火
夏祭り胸の高まり懐かしむ

なんと端正な、抒情的な句だろう。遠い日の夏休みへの郷愁がこみあげてくる。これを、刑務所の塀のなか、鉄格子(てつごうし)のある窓の部屋で書いたのかと思うと、なおさらに胸が締めつけられた。

奈良少年刑務所は町外れの丘の上にある。若草山も東大寺の大仏殿も見渡せる場所だ。若草山で花火をあげれば見える窓もあるだろう。音なら受刑者のだれもに聞こえるはずだ。あのドンと響く音を腹の底に感じながら、彼は鉄格子越しの花火を見たのだろうか。どんな思いで見ていたのだろう。その切なさが、句に込められている。

そして、思った。ここにいるのは一体どんな少年たちなんだろうか、と。漠然と思っていた粗野で粗暴な人間ではないことは確かなようだ。夫とそう話していると、紺色の制服姿の教官が話しかけてきた。

「そうなんですよ。多くの方が、ここにいるのは、手の付けられない乱暴者や、なにを考えているのかわからないモンスターのような少年だとお思いですが、違うんです。おとなしかったり、引っこみ思案の子がほとんどです。礼儀正しい子も多い。見るからに乱暴者なんて、まず、いないんですよ」

驚いた。では、どんな子たちが、なぜ罪を犯してここに来てしまったのだろうか。

「受刑者たちは、きょうはどうしているんですか？」と聞いてみた。

「みんな、自分の舎房にいます」

そうなのか……。体育館の舞台では、地元の演歌歌手が歌っている。その歌声や祭りのようなざわめきが、鉄格子の窓から漏れ聞こえているだろう。世間から取り残され、閉じ込められている少年たちは、いま、どんな気分でいるのだろうか。「振り返りまた振り返る遠花火／夏祭り胸の高まり懐かしむ」という句が、一層胸に浸みてきた。

わたしは思わず、こう申し出た。

「わたしは、二カ月前に奈良に引っ越してきた作家です。東京では、詩の朗読コンサートや、オープンマイクをしてきました。自作の詩を読みたい人が集まって、みんなの前で朗読するという集いです。詩は、書くだけではなくて、声に出して読むことに、とても大きな意味があるんです。ぜひ、書いた人に朗読してもらってください。きっといいことがあるはずです。なにかお手伝いできることがあれば、なんでもおっしゃってください」

刷りあがったばかりの新しい名刺を手渡した。その人も名刺をくれた。「教育専門官松崎英之」とあった。このとき渡した一枚の名刺が、わたしの人生を変える大きなきっかけになるとは、夢にも思わなかった。

帰り道に思った。「矯正展」って嫌な名前だ。ねじまがった心を無理矢理まっすぐに伸ばすような響きがある。ここにいるのは、思っていたよりずっと繊細な子たちだ。そんな子たちが、なぜ罪を犯さなければならなかったのか。なにがあったのか。「矯正展」よりも「更生展」にすればいいのに。いや「共生展」にしたほうがいいんじゃないだろうか。繊細な人間でも安心して生きていける世の中だったらいいのに……と。

翌日、朝早く矯正展に駆けつけて、所内見学を申し込んだ。刑務官に案内されて、普段は足を踏み込むことのできない閉ざされた空間に連れていってもらった。建物を外側から見るだけだったが、それでも強い印象を受けた。「刑務所」という言葉の響きから、薄暗くて恐いような場所を想像していたが、これもまた大きく予想と違ったのだ。煉瓦造りの建物が建ち並び、まるで修道院のようにすがすがしい。どこからどこまで、実にきれいに清掃されていて、雑草一本ない。受刑者たちが、丹念に草むしりをしているのだろう。池があり、鯉が泳いでいる。花壇があり、花が咲いている。そこは、光に満ちていた。

職業訓練所となっている実習場をいくつか見せてもらった。木工所では、削った杉の木の香りがした。金属加工の実習場では、機械油の匂いがした。だれもいない実習場に、少年たちの姿が見えるような気がした。刑務官が、説明をしてくれた。

「少年院とよく間違われますが、ここは少年刑務所です。主に十七歳から二十五歳までの人々が収容されています。成人の割合が圧倒的に多く、未成年は一割弱です。少年であれば、かなり重い罪を犯した者がここに収容されます。青年受刑者では、はじめて刑務所に入るような人々です。収容人員は六百八十名。職員は二百名ほどで、うち教育関係に携わっている者は十三名です。二十四時間体制で受刑者たちを見ています」

少年院と少年刑務所は、根本的に違うのだということに、改めて気づかされた。

「刑務所では、社会復帰を目指して、さまざまな職業訓練をしています。木工、金工、左官、クリーニング、印刷、それから、介護やIT技術の勉強、理容師の資格も取れます。前庭には『若草理容室』があり、試験に合格して資格を持つ受刑者が、理髪しています。一般の方にも利用していただけるんですよ。近所のお子さんも、よく散髪に来ます」

刑務所のなかの理容室で一般人が受刑者に散髪をしてもらえるとは、驚きだった。受刑者は、ハサミやカミソリを手にしているのに。

「訓練技官はいつも『安全第一』と、口が酸っぱくなるほど言っています。彼らは、ただでさえ、社会に出たときに差別を受ける立場です。もしも、旋盤作業で指の一本でも切り落としてしまったら、その差別はますますきつくなります。だから、五体満足で帰してやりたい。『製品の質より、おまえの体が大事だ』と、いつも言って聞かせています」

聞いているうちに、胸がいっぱいになってしまった。刑務所は、わたしが思っていたようなところとはまるで違った。ここは一大職業訓練校なのだ。

「ほんとうを言えば、いいところばかりお見せしているような部分もあります。もちろん、実際には、たいへんなこともあるんです。でも、それは彼らだけのせいではない。彼らの環境が悪かったことは事実なんです。模範となる大人がそばにいなかったために、同じ年頃の子どもたちと群れ、善悪の基準も揺らいでしまった。そんな子がほとんどなのです。ここで生活を正し、学び、手に職を付けて社会復帰してほしい、二度と戻ってこないでほしいと願って、職員は仕事をしています」

そのときわたしは、こんなに真剣に他者の人生を考えている人がいるだろうか、と思った。驚くほどやさしくまっすぐな気持ち。社会のほかの場面では、こんな人にはなかなか出会えない。

世間では、人を学力や能力で選別しようとする。しかし、人にはそれぞれさまざまな適性があるはずだ。勉強だけがすべてじゃない。それなのに、十代の若者には、職業訓練の場はほとんどない。世間とは、むごい場所だと感じた。もしかしたら、刑務所に来た方が、救われるケースだってあるのではないか。

多くのボランティアが、この催しに関わっていることも、はじめて知った。職業訓練にも、民間人が多く関わっているという。機会があったら、わたしもポエトリー・リーディングのワークショップをしてみたい、とふと思ったりもしたが、それはまだ、単なる空想にすぎなかった。

おみやげに買ってきた市原刑務所製の味噌が抜群においしかった。手間暇かけて、昔ながらの天然醸造で作っているという。矯正展に行って、なんだか、刑務所がぐっと身近に感じられるようになった。

わたしが受刑者に授業を？

「矯正展」から十カ月がすぎた二〇〇七年七月、突然、奈良少年刑務所から電話があった。「受刑者に童話や詩を使った教室を開きたいので、講師になってほしい」と言う。あの日渡した一枚の名刺を頼りに電話をしてきたそうだ。

いきなり頼まれて仰天（ぎょうてん）した。確かに「お手伝いできることがあれば、なんなりと」とは言った。刑務所内のオープン・マイクを夢想することもあった。しかし、そこまで本気で考えてはいなかった。正直、アドバイスをする程度のことを、と思っていたのだ。

「あの、講師って、もしかしたら、受刑者の方に直接会って、授業をするんですか？」

「もちろん、そうです」

「……あ、あの、どんな罪の方が？」

「少年院とは違いますから、重い罪で服役（ふくえき）しています。たとえば……窃盗、強盗、殺人、性犯罪、放火、覚醒剤などの事犯があります」

愕然（がくぜん）とした。殺人犯やレイプ犯と直接向きあって授業をせよ、ということらしい。正直、それは怖い。相手はすぐにわたしの気持ちを察知したようだ。

「ともかく、一度刑務所に来て、話を聞いていただけないでしょうか」と畳みかける。ということは、外からだけしか見られなかったあの美しい煉瓦建築のなかに入れてもらえるということなのか……と思ったとたん、脳内スイッチがパチンと切り替わった。

「は、はい。あの、刑務所のなかで、お話を聞かせていただけるんですね」

「はい、そうです」

「夫といっしょにお伺いしてもよろしいでしょうか」

「もちろんです。どうぞどうぞ」

なんと現金なわたし。そんなわけで、夫婦揃って再び刑務所を訪れることになったのだ。


翌日、奈良坂の旧街道の坂道を息を切らせながら自転車でのぼり、なんとも愛らしい門の前にたどりついた。丸屋根の門塔の脇の小さな駐輪場に自転車を置いて、門番に来訪を告げる。話が通っていて「お伺いしていています。どうぞ」とすんなりと通してくれた。正面には美しい煉瓦建築の本棟。ああ、あの建築に入れるのだと胸が高鳴った。が、その一方でどんな話を持ちかけられるのかと不安でもあり、また好奇心もあった。ここは、わたしがいままでまったく知らなかった世界なのだ。

迎えの方が来てくださり、なかへと入る。門と似たアラベスク模様の扉、高い天井、人工石の手すり。思った通りのすばらしい建物だ。小さな応接室のような部屋に通された。

そこには、紺色の制服に身を包んだ細身の女性がいた。まるで宝塚の男役のようにきりっとした、背筋がすっと伸びた美しい人だ。けれども、声はやわらかでやさしい。教育統括（とうかつ）の細水令子さんだった。「よく来てくださいました」と腰が低く、笑顔が魅力的だ。

細水統括は、静かに、しかし、熱心に語りだした。

「実は、新しい教育をはじめようと思っています。『社会性涵養プログラム』というものです。寮先生には、その講師をお願いしたいんです。

刑務所は、これまで、明治時代に制定された監獄法という古い法律によって運営されてきました。ですから、いまの実情に合わない部分も数多くありました。それが、百年ぶりに改正され、『刑事施設及び受刑者の処遇等に関する法律』として今年の六月に施行されました。『受刑者等の人権を尊重しつつ、その者の状況に応じた適切な処遇を行う』ことが、さらに重要になってきたんです」

「つまり、受刑者の人権がより尊重されるようになった、ということですか?」

「お言葉の通りです。特に、社会復帰を目指した矯正教育が重視されることになりました。そのため、いままでできなかった新しい教育プログラムが、比較的容易にできるようになったんです。いま、『社会性涵養プログラム』という教育を考えています」

「シャカイセイ…カンヨウ……?」

「社会性を涵養する。人格を涵養するとか、水源涵養林の涵養です。じわじわと水が浸み込むように育てていくということです」

細水統括は、紙にすらすらと「涵養」と書いて見せてくれた。

「ここにいる子たちが、出所して社会に戻ったときに、より生きやすいように、コミュニケーションが取りやすいようにしてあげたい。そのために、彼らの内面を豊かにしたいのです」

ああ、この人は受刑者のことを「子」と呼ぶんだ……。

「いままでは、更生の見込みの高い、能力のある子に重点的に教育を施す傾向がありました。通信教育で、高校の卒業証書ももらえるし、理容師をはじめ、ここで学んで、試験を受けて、さまざまな資格を取ることもできます」

「それはすごい」

「高校卒業や資格を目指すことは、彼ら自身の励みになりますし、出所してからも就職の役に立ちます。しかし、今回はそれとは逆で、むずかしい子が集まる刑務所でも、ことにむずかしさを抱えている子たちを対象に授業をしたいと思うんです」

それはずいぶんと手強そうだ。

「むずかしさ、とはどんな？」

「主にコミュニケーションに困難を抱えている子です。例えば軽度の知的障害や精神疾患を持っているために、簡単な作業でも上手にできない、みんなともうまくやっていけない。こんな子は、実習場でも孤立しがちです。注意しても、改まらない。そもそも、コミュニケーションが取れないから、改めることもできないんです。結果的に、その子のせいで実習場全体の雰囲気が険悪になる。そして、陰でいじめられてしまう。そんな子ですね。ほかにも、ひどく引っこみ思案だったり、作業を拒否して自室に引きこもったままだったり、感情をコントロールできずにすぐにキレたり、ひどく落ちこんでいたり、自傷行為が絶えなかったり……」

「つまり、落ちこぼれてしまった人の来る刑務所のなかで、さらに一段と落ちこぼれてしまうトラブルメーカー、ということでしょうか」

「そう言ってしまったらあの子たちがかわいそうですが、まあ、そういうことです」

これはたいへんだ、と思った。犯罪者というだけで「むずかしい子」だろうに、そのなかの、さらに選り抜き（えりぬき）の「むずかしい子」を相手にしようというのだ。そんなことが、果たしてわたしにできるのだろうか。

「どんな授業を？」

「『社会性涵養プログラム』では、三科目を考えています。一つはSST。ソーシャル・スキル・トレーニングです。ロールプレイによって、コミュニケーションのスキルをあげる授業です」

「ロールプレイって、場面を想定して、それぞれが役を演じてみるというものですよね」

「はい。あの子たち、コミュニケーションが苦手なんです。だから、困っても助けを求められなかったり、嫌なことを頼まれても断れない。その結果、追い詰められてしまって犯罪に至るケースも多いんです。ですから、日常のそんな場面を想定して、実際に体験してもらう。助けを求めたり、きちんと断れるようになる。そういう授業です。最初は、挨拶から学ぶんですよ。きちんと挨拶ができるだけで、社会に出たときに、好印象を持ってもらえますからね。それだけで、その先の人生が変わります。これは、刑務所の教官が受け持ちます」

「なるほど。もう一つは？」

「絵を描く授業です。八田（はった）育美先生という、特別支援学校の高等部で美術を担当していらっしゃった先生にお願いしました。そして、もう一つが、寮先生にお願いしたい童話や詩を使っての授業です」

「は、はい。でも、なにをしたらいいんでしょうか？」

「あの子たちは、言葉で表現することが苦手です。それが人生を困難にしています。それを少しでも緩和していただければ。それに……」

「それに？」

「あの子たちは、加害者になる前に、自身が被害者であるような暮らしをしてきた子たちなんです。虐待や育児放棄、ドメスティック・ヴァイオレンスの目撃はもとより、筆舌(ひつぜつ)に尽くしがたい、言葉にするのも憚(はばか)られるようなたいへんな思いをしてきています。

境界性の障害を持っていて、それを周囲に理解されず、親からも学校からも適切な対処をしてもらえなかった子もいます。

それから、貧困。これこそ大きな問題です。先生の想像を絶するような圧倒的な貧困があるんです。空腹のあまり食品の万引きを繰り返しては、何度もつかまる。犯罪に追い詰められるはじまりは、命をつなぐための『緊急避難的犯罪』といえるかもしれません」

「緊急避難的犯罪……」

「子どものホームレスもいます。学校にも行かせてもらえず、コンビニの廃棄(はいき)弁当で食いつないできたような子です。親自身もたいへん悲惨な状態にありますが、子どもも、相談できる大人に巡りあえず、犯罪に走ってしまうことが多いのです。その存在を気づいてもらえずに、社会福祉や支援の網の目からこぼれ落ちてしまうんですね。

ともかく、彼らはたいへんな思いをしてきた。背景が一つもないのに、悪いことをしてここにやってきた、という子を、わたしは一人も見たことがありません」

わたしは、声を失った。なんという壮絶な暮らしだろう。

父が税務署勤務だったため、わたしは六畳と四畳半しかない二軒長屋の官舎で高校卒業まで育った。ささやかな暮らしだったが、「貧乏な人」を見たことがなかった。千葉大学附属小中に通ったこともあって、周囲には裕福な家庭の子しかいなかったからだ。在日外国人や被差別部落、生活保護を受けている人にも出会ったことがなかった。いや、いたのかもしれないが、気づかぬままの人生五十年だった。分断化社会のなかで、何者かに守られてぬくぬくと過ごしてきてしまったことは、作家としての負い目にもなっていた。

「ごくまれに、経済的に恵まれ、社会的に地位の高い両親に育てられた子がやってきます。いわゆる『普通の家の子』が大きな罪を犯したとなると、その親は、世間から注目を集め、たいへんつらい思いをします。子どもが刑務所に入るような罪を犯したという場合、その背景には、幼いころから積み重ねられたボタンの掛け違いがあるように思われます。それが蓄積し、本人と社会にとって、救いがたい溝になってしまうのです」

これは他人事ではなかった。わたし自身も親との軋轢(あつれき)のなかで精神的にかなり危うい思春期を送った。身近にも、引きこもり、拒食症、自傷など、困難な人生を送っている人もいる。犯罪にこそ至らないが、きっと根は同じだろう。暴力が内に向くか、外に向くかだ。

「犯罪にまで至ってしまった人に共通しているのは、彼らを取り巻いていた環境のすべてから『正しい愛情を受けたことがない』ということではないでしょうか。だから、心が育っていないのかもしれません。本来の自分を否定され続けているので、自己肯定感が育たない。その結果、自尊感情も育たない。自分を大切にできない人に、他人を大切にすることはできません。だから、犯罪も可能になるのではないかと思います。

親から否定される、捨てられる。そんなつらい思いをしたら、心を閉ざしてしまっても仕方ありません。内側に大きな怒りを抱えこみ、悲しみを悲しみとも感じられないような状態です。すると、うれしい楽しい、といったプラスの感情も感じられなくなってしまうのだと思います。人間の心は、うれしいことや楽しいことだけを都合よく通すようにはできていないのではないでしょうか。

自分がなにを感じているのかさえ、わからなくなってしまっている。そんな荒れ果てた荒野のようなところに、ぽつんと独りで立っている。それがあの子たちの心の風景です」

寒々しく荒涼とした荒野の風景が心に浮かんだ。なんと悲しい景色だろうか。

自分の気持ちのわからない人に、他人の気持ちがわかるわけもない。だから、犯罪が可能になってしまうのだろう。「人を人とも思わない」というのはつまり、自分のことさえ人間だと感じていない、ということなのかもしれない。さみしい話だ。

「悲惨な環境のなかで自分一人でサバイバルしてきた子たちです。かなり世間ずれしていて、口だけは達者な子もいます。『なんだ、わかってるじゃないか』と一見、思ってしまいがちですが、実はそうではないんですよ。表面的には話が通じているように見えても、実は決定的な齟齬があったりします。コミュニケーション不全を重ねてきた結果、心が育っていない部分があるからなんです。

そんな彼らの心を、童話や絵本や詩を使って、耕してやってほしいのです。心の扉を開き、情緒を育ててやってほしいのです」

わたしは絶句した。そんなことが可能なのか。童話だの絵本だの詩というヤワなもので、人を殺すところまでこじらせてしまった人の心を、解きほぐすことができるのか。無理だと思った。作家として言葉をなりわいにしているのに、言葉の力をそこまで信じていなかった。信じられなかった。

「あ、あの、授業はどれくらいの頻度で?」

「『社会性涵養プログラム』としては、一カ月に三回を予定しています。先ほどお話ししたSSTと絵の授業と言葉の授業が、それぞれ一回ずつです」

「えっ? わたしの授業は一カ月に一度だけ?」

それっぽっちで、なにをしろというのだろう。大学で文学の創作講座の非常勤講師をしていたときも、週に一度は授業があった。それでも足りなかったのに。

「で、期間はどれくらい?」

「半年ほどと考えています」

また絶句だ。月に一回の授業で、わずか半年で終了とは!

「それが終わったら、また次の受講生を」

無理だ、絶対に無理に決まっている。もしかしたら、この授業は「法改正に従って新しいプログラムを実行しました」というアリバイ作りにすぎないのか。

にしては、細水統括の目があまりにも真剣だ。

「あの……どんな内容の授業をお考えでしょうか?」

「寮先生のお考えをうかがいたいのです」

「カリキュラムとか教材とか、そういうものは、ないんですか?」

「ありません」

そんなバカな! また砂袋で殴られたような衝撃を受けた。

「寮先生がお使いになりたい絵本などがあったら、遠慮なくおっしゃってください。こちらで用意しますから。ともかく『美しい言葉』を使った授業をしていただきたいんです」

「そう言われても……」

「これは、刑務所のなかでもまったく新しい試みなんです。

いままでも、受刑者に対する教育は行なってきました。職業訓練や高校の通信教育はもとより、再犯を防ぐための『暴力回避プログラム』『性犯罪再犯防止プログラム』『薬物離脱プログラム』、殺人を犯したものには、被害者の視点を採り入れた『命の授業』と、それぞれにふさわしい教育をしてきたつもりです。効果も上がっています。

これらの教育は、再犯を防ぐために、彼らの犯罪性に焦点を当てたものです。たとえば、『暴力回避プログラム』であれば、暴行傷害の事件を起こした者だけではなく、刑務所のなかで、職員や仲間に暴力を振るってしまう問題児も対象にします。

しかし、今回の『社会性涵養プログラム』の対象は、外に向けて暴力性を発揮するようなタイプの子ではないのです。むしろ、おとなしくて、目立たない、やられっぱなしの子です。わたしは彼らを『沈黙の処遇困難者』と呼んでいます。彼らの内面はわかりにくく、働きかけの糸口も見つけにくい。内側に大きな怒りを抱えていて、それを表現することもできず、結局、犯罪に追い詰められてしまった子たちなんです。むしろ、そんな子の方が問題の根が深く、犯罪から立ち直るのがむずかしいのでは、と感じてきました。

文学や美術を用いるプログラムを行ない、荒れはてた彼らの心を耕し、情緒を芽吹かせてあげたい、と長い間、温めてきたんです。

しかし、どのような方を講師にお迎えすればいいのか。言葉のプロをお迎えしたいと思っていました。すると、松崎教官が『去年の矯正展で、童話作家の方が、教育を手伝いたいと言ってくれました』と、寮先生のことを教えてくれたんです。寮先生は本気で、名刺までくださった、と。この方だ、と思いました。

手探りで、よりよい方法を探していきたいと思っています。わたしも教官も、いっしょになって考えますから、どうかお願いします」

「そう言われても……わたしは大学中退です。教員免許も持っていません。教壇に立った経験は、和光大学で文芸の実作講座の非常勤講師をした四年間だけです。なんの技術もありません。それでもいいんですか？」

「問題ではありません。プロの作家で童話や絵本も書いていらっしゃる寮先生にお願いしたいんです。いままでの教育に捕らわれない自由なお考えを期待しています。授業には、わたしと、刑務所の教官が二人いっしょに入ります。なにをするかは、寮先生がお決めになってください。わたしたちが全力でお手伝いします」

呆然とした。なんの資格もないただの作家に、こんなにも熱心に講師を依頼するなんて、よほど人材がないのだろうか。刑務所なので敬遠されてなり手がないのか。

「具体的には、どんな授業をお望みなんでしょうか？」

「そうですねえ。たとえば、半年かけて自分の生い立ちを文章にして、絵の時間に、それに絵をつけて、一人一冊、自分だけの絵本ができたらいいなあ、なんて……」

細水統括がいきなり夢みる乙女のようなことを語りだしたので、唖然とした。

「ちょっと待ってください。それは無理です。たった六回の授業で生い立ちを文章にして、絵本になるように編集し、絵の時間に絵をつけて仕上げるなんて、それはもう絶対にできません。絵本を甘く見てはいけません。そんなに簡単なものではないんです」

この本を書くにあたり、このとき、細水統括のやりたかったことを改めて聞かせてもらった。「彼らの物語を書き換えてあげたかった」という。苦しみに満ちた悲惨な記憶のなかにも、きっと美しい記憶、愛された経験があるはずだと。ほんのかけらのような小さな記憶でもいい、そこに光を当て、「愛された経験」を取り戻すことで、「悲しみを悲しみとして受けとめる感性」や「人間らしい気持ち」を取り戻してほしい。そうすれば、「すべてを怒りに変えて、犯罪に向かわなくてもすむようになるはずだ」と。

「短くて美しい言葉を、繰り返し繰り返し、寄せては返す波のように彼らに体験してほしかった」とも。「そうすれば、彼らのなかで切れ切れだったものがつながって、やがてひとまとまりの物語になっていくと思うんです。思考が構造化され、人生を見通せるようになる気がしました。だから『童話』や『詩』が、大切だと思いました」

そのときのわたしには、細水統括のそんな壮大な計画は理解できなかったから、とりあえず、その場で頭をひねって考えてみた。というところで、わたしはもう、まんまと細水統括の掌（てのひら）の上に乗せられていたのかもしれない。

「たとえば、自分の好きな文章を選んできて、朗読してもらう、というのはどうでしょうか。ロックバンドは、歌が歌えたり楽器ができないとやれないけれど、朗読ならだれでもできるでしょう。それでも『自己表現』になると思うんです」

「さあ、それは、どうでしょうか。あの子たちには『自分の好きな文章』を選ぶ力さえ、いまはないと思います。そもそも本など手に取らないし、音読を求めると、漢字を抜かしてひらがなだけ読むような子もいるんですよ」

ますます頭が痛い。

「そうですか。それなら、絵本はどうでしょうか。ひらがなだけのものもあるし、大人でも充分に楽しめる作品もあります」

「あまり子どもも子どもしたものだと、彼らはバカにされていると思うかもしれません。コンプレックスが強いんです」

「そうですか。でも、いまや、絵本は子どもだけのものではないと言われています。大人が読む絵本のガイドブックまで出ているくらいですから。それをきちんと説明したらどうでしょうか」

「それなら、いいかもしれませんね。しかし、もともと、抽象的な思考を理解したり情緒的なことを感じたりすることが苦手な子たちです。絵本にもどれだけ反応を示すかわかりません。彼らに受けなくても、がっかりしないでくださいね」

話しているうちに、おぼろげに授業の形が見えてきた。

「いままで、日本のどの刑務所にも、このようなプログラムはありませんでした。わたしたちにとっても初の試みです。手探り状態ですので、こちらも勉強させていただきながら、いっしょに作っていけたら、と思います」

ほんとうにまっさらな新しい試みをはじめるんだ、と身が引き締まる思いがした。

「彼らには、刑務所でのストイックな生活が必要です。しかし、単に罰を与えるだけでは、何も変わらないんです。『復讐（ふくしゅう）』することで、なにかがよくなるということは、ないと思います。それでは、再犯して刑務所に戻ってきてしまう。

適切な支援を受けられず、教育の機会も逸し、善悪の基準もしっかりしないまま、犯罪者になったケースがほとんどです。犯罪者を支援することには批判もありますが、きちんと再教育して社会に戻してあげた方が、結局、社会的に見たコストも削減できる。そういう観点からも、受刑者教育が見直されつつあるのです。むずかしいことです。でも、これをしないと、彼らが再犯をして、また新たな被害者が出る可能性もありますから」

細水統括は、熱心だった。刑務所のなかの少年たちが、みんな自分の息子であるかのように、彼らの行く末を案じていた。二度と再犯させたくない、再犯しないで済むようにしてあげたい、出所したときに人と話せる子になっていてほしい、助けを求め、嫌なことは断れる子にしてあげたい、彼らにしあわせになってほしい……それが、再犯を防ぐためにいちばんの方法だから。心の底からそう思っているのが、伝わってきた。

そういえば、矯正展ではじめて話した松崎教官もそうだった。「矯正」という言葉から想起される「心根(こころね)を叩(たた)き直してやる」といった力による抑圧とは無縁だった。こんなにも少年たちのことを大切に思っているのかと驚いた。

よく似た人に会ったことがある。かつてインドでインタビューをしたマザー・テレサだ。修道院のなかを、いつもスタスタと裸足で歩いていた。白に青い縁取りのある質素な木綿(もめん)

の僧衣を着て、まるで田舎町の小さなおばあさんのようだった。それなのに、とても大きな「おかあさん」なのだ。世界中の人間のことを、みんな自分の子どものように思っていた。ライオンのような大男も、彼女が頭に手を乗せ、祈りの言葉を唱えてあげると、小さな子猫のように見えるのだった。

細水統括は、確かにマザー・テレサに似ていた。刑務所の少年たちがしあわせになることを、心から願っていた。そのためにできることを精いっぱいしたいと必死だった。それが、ひしひしと伝わってきた。

その心に打たれ、わたしはとうとうほだされてしまった。自信がないのに、なんとかがんばってみよう、という気になっていた。でも、一つだけ、気がかりなことがあった。

「あの、夫の松永に、授業の助手をしてもらってもいいですか。大学の講師時代、ずっと助手をしてもらってきたんです」

それは、事実だった。でも、ほんとうの理由はそこではなかった。怖かったのだ、殺人犯やレイプ犯と向きあうのが。ボディガードがほしかった。

「もちろんです。お二人で来てくださるなんて、大歓迎です。たいへん申し訳ないのですが、講師料は些少で、一人分しか出せないのですが、それでも、よろしいでしょうか」

「え、講師料がいただけるんですか！」

そんなわけで、わたしと夫の松永洋介は、奈良少年刑務所の外部講師に任命され、授業をすることになった。あとで聞くと、細水統括は、わたしと松永が「ペア」で来ることになったのが、望外の喜びだったという。受刑者たちに多様な価値観を示すことができるし、対等な男女のあり方を見せることが、いい影響を与えると直感したからだという。笑いながらこう話してくれた。

「あのときは、鴨が葱しょって、スープと薪まで抱えてきてくれたように思いました」

しかし、わたしたちはその時点では、具体的になにをしたらいいのか、皆目見当がついていなかった。それなのに、授業はその月のうちに始まるという。

家に戻り、二人で必死に考えた。

そのとき、わたしたちはまだ知らなかった。授業が最初の回から、驚くほどの成果をあげることを。そして、その奇跡がずっと続き、いつしか奇跡が奇跡でなくなることを。

教室までの長い道のり

SNSで「少年刑務所で講師をすることになった」と報告すると、驚くほど多くの反応が返ってきた。

「深い出会いの場になるでしょう。心と心がつながりあえることを祈っています」

「ありのままであれば、彼らも受け入れてくれると思います。遠く祈ってます」

「刑務所というブラックボックスでの情操教育という未知の分野への挑戦に拍手！」

「これはきっと彼らにとって、すごい癒やしと浄化の作業なんだ」

そんな期待と応援の言葉がある一方で、心配してくれる人々もいた。

「いろいろリスクもあるのに、なぜ引き受けることにしたんですか」

「たいへんな思い、辛い体験をされるかもしれません。心配です」

「彼らを目の前にして、寮さんが胸を痛められるのではないでしょうか」

刑務所は、わたしの友人たちにとっても「未知の世界」「ブラックボックス」だった。

しかし、だからこそ強い興味も持ってくれている。その手応えを早くも感じていた。

みんなのなかに、期待と不安とが渦巻いていた。そして、わたしのなかにも。

二〇〇七年七月二十七日、とうとう初授業の日がやってきた。刑務所まで自転車で行く。夏の空は抜けるように青い。背中を、太陽がじりじりと焦がす。黒い服など着てこなければよかった、と悔やむ。首の詰まった黒いTシャツに黒いズボン姿だった。いかにも外の世界を思わせるカラフルな服装は、受刑者たちには気の毒ではないか、と、あえて地味な服にした。性犯罪者もいると聞くと、やはり怖かった。

刑務所の門に到着。自転車を降りると、汗が噴きだす。

「寮先生と松永先生ですね。教育から聞いています。どうぞ」

愛想のいい門番のおじさんに通されて、刑務所の前庭に入る。煉瓦造りのお城のような本棟の前には、細水統括が迎えに出てくれていた。びしっと制服を決めた姿が、なんともすてきだ。

アラベスク模様の表扉を潜り、はじめて二階への階段を昇る。すれ違うこともできないような、やけに狭い階段だ。

階段を昇りきったところにある控え室に通された。扉は見あげるほど高く、天井も高い。そこは小さな部屋で、窓側の半分は小上がりになって畳が敷かれていた。

「宿直の者は、ここで休むんです」

教誨師や篤志面接委員の名札のかかった書類入れが置かれていた。外部協力者の合同の控え室だった。

すぐに、二人の教官がやってきた。細身で目つきが鋭い竹下三隆教官は臨床心理士。小太りでくりくりした目がやさしい乾井智彦教官。まるで漫才師のように対照的な二人だったが、実は、見かけと違って、竹下教官の方は、ひどくのんびり屋さんで、乾井教官が几帳面でせっかちな性格だった。もっとも、それがわかったのは、ずっとあとのことだが。

颯爽とした細水統括、漫才の凸凹コンビのような教官たち。個性が際立っている。だれがだれだかわからない日本の会社とは、ずいぶん違う印象だった。

「きょうの参加者は八名です。一名、落ちてしまったんです」と乾井教官がさも残念そうな顔をした。

「落ちた、とは?」

「謹慎処分になって、教室には出てこられないという意味です。落ち着きのない子で、実習場で仕事中にチョロチョロしてしまったんです」

発達障害で多動なのかもしれない。ほんとうはそんな子のための授業だろうと思うが、きっと規則で仕方がないのだろう。

「受講生を迎えに行くので、先に行っています。係長がご案内しますので、教室までいらしてください」

係長の刑務官に案内されて、階段を降りる。腰には、太い紐（ひも）が結びつけられ、鍵束がついていた。刑務官は、その鍵でなかへと向かう扉の鍵を開ける。職員待機室がある短い廊下を通ると、また扉がある。扉には小さな窓がついていて、刑務官はその窓を開けて、向う側に人がいないことを確かめ、また鍵を開けた。この先は、受刑者たちのいるエリアだ。

一歩踏みこんで、息を飲んだ。美しい。吹き抜けの天井には天窓があり、淡い光が射している。教会の聖堂のようだ。そこは、中央監視所だった。五本の指のように伸びている二階建ての放射状舎房（ほうしゃじょうしゃぼう）の要（かなめ）になる場所で、まんなかに机があった。そこに立つと、五本の放射状の廊下のすべてが見渡せるようになっていた。その机さえも、優雅な曲線を持つアールヌーボー風の形をしていることに、驚いた。実用一点張りではないのだ。

舎房のそれぞれの廊下の入口の上に掲げられた「第一寮」「第二寮」「第三寮」「第四寮」

「第五寮」という看板には、立体に縁取られたコテ絵の額縁がついていた。そんなところまで「美」が意識されてる。

「第三寮」と書かれたまんなかの廊下をまっすぐに進む。廊下の中央が吹き抜けになっていて、二階の天井が見える。そこにも天窓があり、光が射している。それが、黒光りする石の床を静かに照らしている。

両側には小さな扉が並んでいた。実に分厚い木の扉だ。扉には、窓の代わりにたくさんの小さな孔(あな)の空いた金属板がついていて、そこから部屋の内部が垣間見える。きちんと畳まれた布団。小さな座卓。家族の写真が飾られている部屋もあった。

空の居室は扉が開け放しになっていた。奥の壁ぎわに白い水洗便器と洗面台がとりつけられている。その上のはるか高いところに鉄格子のはまった小窓があり、まっ青な空が見えた。手前には、畳が二枚敷かれている。受刑者は、こんなところで何年も暮らすのかと、胸が締めつけられた。と同時に、いつか見た修道院を思いだしていた。余分な物のないミニマムでストイックな暮らし。実際ここは、そんな場所なのかもしれない。

廊下の向こうから、刑務官に付き添われた受刑者たちがやってきた。軍隊の行進のようか。すれ違うなら挨拶を、と思っている。彼らは、いつもこんなふうに歩かされているのだろうか。すれ違うなら挨拶を、と思っていると、引率している刑務官が号令をかけた。受刑者たちは止まり、一斉に壁を向いた。こちらから彼らの顔は見えないし、彼らからもわたしたちは見えない。刑務官同士が敬礼をして通りすぎる。受刑者の顔を外部の人間に晒さないための配慮だった。ここは、やはり別世界、普通の社会ではないのだ。

舎房の廊下のどん詰まりにまた扉があり、刑務官が鍵を開けてくれる。その扉を潜ると屋外で、爽やかな木の香りが鼻を突いた。去年、見学コースで見た木工の実習場が、目の前にあった。窓から、作業中の少年たちのひどく真剣な横顔が見えて、胸がいっぱいになった。この場所は、その後足かけ十年にわたり、毎月刑務所に通うときの、お気に入りの場所になった。あの削りたての新鮮な木の香りを嗅ぐと、彼らの未来が爽やかに照らされているような心持ちになれたからだ。

渡り廊下を通り、すぐ脇に建つ別の建物へと案内された。煉瓦造りではないが古めかしい校舎のような建物だ。高畑町にあった陸軍三十八連隊の建物だったものを移築したものだという。刑務官が扉の鍵を開けてくれた。最初から数えると、四つめの鍵だ。なかに入ると、なつかしい木造校舎の匂いがした。教室の並ぶ「教育棟」だった。

入ってすぐ、右側の教室にいる人々が見えた。緑色の制服に身を包んだ丸刈りの受刑者たちが、膝に両手を当てて身じろぎもしないで教壇を向いている。教壇には、僧服をまとった僧侶がいた。「新しく入所した受刑者への講話をしているんです。先生たちの教室は二階です」と刑務官が説明してくれた。

窓の大きな建物だ。光がいっぱいに射す階段を昇る。本棟と違い、ずいぶん広い階段だ。そして、一段がやけに高い。いかにも軍隊の建物だ。

ようやく二階にある目的の教室にたどりついた。ガラス張りの窓から、なかが丸見えだ。教室には灰色の絨毯（じゅうたん）が敷かれていた。靴を脱いでなかに入るとひんやりした。エアコンが効いている。刑務所のなかで、彼らがエアコンの冷気を享受（きょうじゅ）できるのは、ここだけだとあとで知った。机が丸く並べられ、すでに受講生たちが着席していた。その間に、細水統括、竹下教官、乾井教官が座っている。わたしたちの席は、隣りあわせに用意されていた。受講生八人に、指導者五人の実に手厚い体制だ。

軽く挨拶をして席に着き、みんなの顔を見回してみた。そして、すぐに途方に暮れた。

乾井教官の隣に座っているのは、すらっと背の高い美少年。怯えたような顔をして、いまにも乾井教官にしがみつかんばかりだ。かと思うと、ふんぞり返ってやけにえらそうに教室を睥睨している子もいる。おれは強いんだぞ、という「おれさまオーラ」全開だ。落ち着きがなく、体をゆらゆら揺らしながら、ぶつぶつと小声で独り言をもらしている子がいる。かと思えば、土の塊のごとく不動で表情もなく、目だけがぼんやりと宙を泳いでいる子もいる。いかにも知的な遅れのありそうな幼さを漂わせた子、下を向いたきり顔をあげずにまっ暗な顔をしている子……。どこまで話が通じるだろう、絵本なんて、まともに向きあってもらえるだろうか、と不安になった。ええい、当たって砕けろだ、ともかく楽しい時間にしよう、と心に決めた。

心の準備体操

はじめての授業

わたしと松永が受け持つ授業は「社会性涵養プログラム」のなかの文章の教室だった。わたしは仮にそれを「物語の教室」と名づけた。絵本を読んだり、詩を書いてもらったりするからだ。ほかにSST（ソーシャル・スキル・トレーニング）と絵画の教室が月に一度ずつある。すでに第一回目のSSTの授業は行なったという。彼らにとっては、二度目の顔合わせ、わたしと松永は、はじめてだった。

授業の主導権がわたしに渡される前に、軽く心の準備体操があった。黒板には、○のなかに簡単な目鼻を描いた絵がずらっと並んでいる。さまざまな表情をしていて、その下に「たのしい」「かなしい」「さみしい」「はずかしい」「ふあん」「しんどい」「たいくつ」「きんちょう」「やるきまんまん」「わくわく」「どきどき」「やったね」「リラックス」など、気分を表わす言葉が付けられていた。受講生たちは、自分の心を語ることが苦手だが、このカードを使うと、表現しやすくなるという配慮だ。

「まず、自分の名前と実習場を言って、『表情カード』でいまの気分を言ってください。それから、きょうは自分の『いいところ』を語ってください」と乾井教官。「といっても、急に言われてもやりにくいだろうから、まずは先生からやってみますね。じゃあ、竹下先生、お願いします」と、いきなり竹下教官に振った。

「え、わたしからですか。びっくりしたなあ」

竹下教官は、ちょっとおおげさに驚いてみせた。

「きょうの気分は『やるきまんまん』です。わたしのいいところは、ずばり、顔です」

さっそく、受講生から笑い声が起きる。

「大きな顔をしているでしょう。昔はね、この顔があんまり好きじゃありませんでした。けれど、年を経るごとに、この顔もいいなあって思うようになりました。個性に感じられるようになったんだね」

竹下教官の口調のやさしいこと！　声を聞いているだけで、わたし自身も緊張がほどけてくる。次は乾井教官。

「乾井先生のきょうの気分は『わくわく』。寮先生と松永先生のはじめての授業で、どんなふうになるだろうと楽しみです。見るからにスマートで男前のわたしのいいところは……」というところで、また笑い声。小太りで目のくりくりした乾井教官は、狸のポン吉くんといった風情なのだ。「感情をものすごくストレートに出せるところです。よく泣きます。悔しくても、哀しくても、うれしくても、泣けます。そんな自分が、好きです」

そうか、喜怒哀楽（きどあいらく）のはげしい人なんだ。次は細水統括。

「いまの気分はちょっと『きんちょう』。わたしのいいところは、なにごとにも一生懸命なところです。必死になってしまって、気が付くと、まわりが疲れているくらい」

わかるわかる。わたしはその一生懸命さにほだされて、ここにいるのだから。

みんな、正直にまっすぐに自分を出してくれている。一段高いところから「教える」という態度の人はだれもいない。ここにいる受講生たちと、ともにこの空間と時間を楽しもうとしていることが、ビシビシ伝わってきた。そうか、教えることなんてないんだ、わたしもいっしょに楽しめばいいんだ、と少し楽になった。

気持ちのほぐれた受講生たちも、次々に発表してくれた。なかに「気分はしんどい。盆踊りをちゃんと覚えられないから」と言った子がいた。もうすぐ、所内の盆踊り大会があるのに、その振り付けが覚えられないことを気に病んでいる。授業が終わってから細水統括が「この子たちには、楽しみのはずの盆踊りまで、苦痛になってしまうんですよ。かわいそうに」とつぶやいたのが忘れられない。

気の弱そうな美少年は、乾井教官に何度も何度も励まされ、背中を撫でてもらい、ようやく「緊張しています。いいところはやさしいところ」と蚊の鳴くような声で答えた。まるで、おかあさんのスカートの下に入ってしまう人見知りの強い五歳児のようだ。

この子をはじめ、半数が自分のことを「やさしい」と形容したことにも驚いた。「まじめ」「努力家」という子もいる。すさんだ少年たちをイメージしていたのだが、ここにいるのは、そんな人々ではなかった。内気で、すなおで、そして、みんなどこか幼い。

彼らは、どんな理由で、どのように社会から落ちこぼれてきたのか。自信がなく、自分のことを「頭が悪い」とか「みんなに迷惑をかけている」と語る子もいる。この社会は、そんな人間を許容しないようにできているのかもしれない。いっそ「障害者」と名づけられてしまえば、社会から支援の手も伸べてもらえただろう。しかし、おそらくは境界線上にいる彼らは、特別支援学校に入れてもらえることもなかったのかもしれない。教室で落ちこぼれ、差別され、いじめられたかもしれない、と感じさせられる自己紹介だった。

最後に、わたしと松永の自己紹介だ。なにを言っただろうか。「自分のいいところを」と言われて、困ったことしか覚えていない。わたし自身、自分に自信のない、自己肯定感の低い人間なのだ。だからこそ、作家になったのかもしれない。そんなわたしで、役に立てるだろうか。勇気を出して、がんばるしかないと思った。

絵本『おおかみのこがはしってきて』

はじめての授業の教材にしたのは『おおかみのこがはしってきて』という絵本だった。アイヌの早口言葉を題材にして、わたしが再創作したものだ。アイヌの父親と幼い息子の対話で構成されている。以前、障害者施設でのワークショップに使って好評だった。

一人に一冊、この絵本を渡し、絵本が子どもだけのものではないことをまず伝えた。

「絵本は、子どものための本ではありません。子どもから読める本です。いくつになっても、だれでも、絵本を楽しんでいいんです。子どものときとは違った楽しみ方ができたり、新しい発見もあるでしょう。ときに深い真実が描かれていることもあります。だからこそ、いま、大人が絵本を読むことが、ひとつのブームにさえなっているんですよ。

実は、小説を書くより、絵本を作る方がずうっとむずかしいんです。どうか『絵本なんて』と思わないでください。絵本を読む楽しさを覚えて、社会に戻ったときも楽しんでほしい。いつか子どもに絵本を読んであげるおとうさんになってくれたら、うれしいです」

みんなきょとんとした顔で聞いている。なんのこっちゃ?という表情だ。

授業の手順はこうだ。まず、わたしが課題の絵本を朗読する。それから、各ページの絵を楽しんでもらう。画家が絵に隠したメッセージまで読みとってくれる子もいて驚いた。次に全員で声を合わせて朗読する。それから、二手に分れて、父親役と子ども役になり、対話の形で読む。そこからが大転換だ。

「それでは、みなさんに、おとうさん役と子ども役になって、朗読してもらいます。さあ、机を片づけて！」

みんな、なんだなんだとびっくりしながら、とりあえず机を片づける。広くなった絨毯の上に車座（くるまざ）になり、朗読者を募る。

「はい。じゃあ、おとうさん役をしたい人、いませんか」

もじもじして手を挙げない。教官が「だれかやってくれないかあ。どのみち全員やるんだから、早くやった方が得だぞ」と言うと「え、みんなやるんですか」とざわめきが起きる。「じゃあ、おれ、やるわ」と一人が手を挙げてくれた。教官が、目の合った子に「きみも、やってみないか」とうながすと、この子も「んじゃあ」としぶしぶ立ちあがる。

すると、乾井教官が大きな紙の袋から、なにかゴソゴソと取りだした。アイヌの民族衣装である「アットゥㇱ」の替わりの袢纏（はんてん）、アイヌの鉢巻き「マタンプㇱ」の替わりの鉢巻き、それにおとうさん用の付け髭までフェルトで作ってきている。アイヌ風のコスプレだ。

「ええーっ。こんなん着るんですか」

そんな声をあげながらも、受講生たちは楽しそうだ。付け髭をつけると一気に顔の雰囲気が変わる。クスクスと笑い声が漏れた。ここまで用意してくださった教官に頭が下がる。

次回からは、自分で刺繍（ししゅう）したマタンプㇱや小道具を持ってこようと心に決めた。

コスプレを完了した受講生が二人、みんなの前に立つ。わたしがまず、「ちいさなおおかみのこが　はしってきて　こおりのうえで　つるんところんだ」と最初の一行を読む。そこから、彼らの朗読が始まる。

子「ねえ　どうしてころんだの」
父「それはね　こおりが　えらいからだよ。おおかみよりも　ずうっとね」
子「でも　こおりは　とけちゃうよ。ねえ　どうして」
父「それはね　おひさまが　えらいからだよ。こおりよりも　ずうっとね」
子「でも　おひさまは　くもに　かくれるよ。ねえ　どうして」
父「それはね　くもが　えらいからだよ。おひさまよりも　ずうっとね」

こんなふうに、子どもはどこまでも父親に質問を重ねる。いわゆる「子どもの根問い」だ。それに対して、父親は嫌がらずに、どこまでも辛抱強く応えてくれる。構造は「ねずみの嫁入り」とよく似ているが、結論が違う。「ねずみの嫁入り」では「やはりねずみはねずみに嫁ぐのがいちばん」ということになるが、アイヌの物語は、氷よりもおひさま、おひさまよりも雲、雲よりも風、風よりも山、山よりも木、と進んで、最後はこうなる。

子「でも　きは　にんげんに　きられるよ。ねえ　どうして」
父「それはね　にんげんが　えらいからだよ。やまの　きよりも　ちょっとだけ」
子「でも　にんげんは　しんじゃうよ」
父「そうだね　しんで　つちになる」
子「ねえ　どうして」
父「それはね　つちがえらいからだよ。
おおかみよりも　こおりよりも　おひさまよりも　くもよりも
やまよりも　きよりも　にんげんよりも　ずうっとね。
ほら　みてごらん。
だから　つちから　いろんな　いのちが　うまれる。
くさのみや　きのみが　みのり

とりや　けものや　にんげんを　やしなう。
だからね　わたしたちは　みんな　つちから　はえてきたんだ。
ねっこは　みえないけれど
ほんとは　みんな　つちから　うまれた　きょうだいなんだ」
子「おおかみのこも？」
父「そうだよ」
子「ぼくも？」
父「もちろん。
　だから　こおりのうえでは　きをつけるんだよ
　つるんと　ころばないように」

お話はここでおしまい。アイヌの自然観がよく現われた美しい結末だ。さらに、おまけがある。次のページをめくると、奥付で、父親の方が転んでしまっていて、子どもが手を貸している小さなカットがある。画家が考えてくれた小さな仕掛けだった。

受講生たちは、ここまでしっかりやってくれた。おとうさん役の子が滑って転ぶ演技をして、子ども役の子が、その手を引っぱって起こしてくれたのだ。その様子に笑い声が起き、盛大な拍手が湧きあがる。心からの拍手だった。

この瞬間、いきなりなにかが変わる。ほんとうに、一瞬で変わるのだ。演技をした子たちが、びっくりしてみんなの拍手を聞いている。それが、戸惑ったような表情になり、ゆっくりと笑顔に変わっていく。

「朗読してみて、どんな気持ちでしたか?」と聞いてみる。

「はい。照れくさかったけど、がんばってやってみてよかったです」

「ちゃんとできるか心配でしたが、最後まで読めてよかった。こんなふうになんでも答えてくれるおとうさんがいたらいいな、と思いました」

二人とも、晴れ晴れとした表情をしている。

いつも周囲から「ダメだ、ダメだ」と言われ続けてきた子たちだ。学芸会で主役を張ったことなど、きっとなかったのだろう。それが、いきなり二人主役で盛大な、それも心からの拍手をもらっている。こんな短い絵本でも、最後までちゃんと読めた喜び、やり遂げたことへの自信も持てる。この瞬間に、彼らの心のなかに小さな、でも確かな「自己肯定感」が芽生えたのが、まざまざとわかる。

驚いた。これっぽっちのことなのか。たったこれだけで、人はいきなり変わるものなのか、見た目でわかるほどに。つまり、この子たちは、いままでの人生で、これっぽっちの受けとめもされてこなかった、ということなのだろうか。

子ども役をした少年は、あとで乾井教官にそっとこう語ったそうだ。

「先生。ぼく、先生におとうさんをしてほしかったな」

甘えてみたかったのだろう。なにを聞いてもはぐらかさず、面倒がらずに、きちんと応えてくれるおとうさん。それは、彼が求めてきた夢のおとうさん像だったのかもしれない。

「演劇」の魔法

一回目の授業は、この朗読劇をメンバーを変えてひたすら繰り返すだけだ。でも、少しも退屈しない。一組一組、違う父と子の姿が見えてくる。ぶっきらぼうでもいい、表情なんてつけなくたって構わない、棒読みでもいい。それでも「その人」が自然と滲(にじ)みだしてくるから朗読は面白い。本人にそのつもりがなくても、りっぱに自己表現になっている。

　朗読劇をしている二人の間に「絆（きずな）」のようなものが生まれてくるのも見えてくる。観客と舞台との交流感もある。こんな簡単なことでも、これはやっぱり「演劇」なんだと納得した。よく、演劇に夢中になって、アルバイトをしながら劇団に通う人がいるが、なるほど、こんな魅力があるのかと、ようやく実感した。

「次はだれが読みますか？」

　回を重ねるごとに、受講生の側から積極的に手が挙がるようになる。さっきまで交流不能だった子が二人、自分からすっと手を挙げてくれた。大柄で髭の濃いむくつけき男子と、小柄で声の高い細身の子だ。

「どっちが子ども役をする？」

　はいっと手を挙げたのは、大柄な子だった。

「え、きみが子ども役を……」と言いかけると、教官が「やらせてやってください」というように目配せをした。「はい。じゃあ、あなたは子ども役。○○くんはおとうさん役でいい？」「はい。ぼく、おとうさんがいいです」と小さな彼は、胸を張った。

朗読が始まると、大柄な子は、まさかこの子が、と思うほどかわいらしい子どもの声を出して演じてくれた。目を閉じて聞いていれば、ほんとうにそこに、知りたがり屋の小さな男の子がいるようだ。それに応えるおとうさんのりっぱなこと。声も一段低くして、威厳があるおとうさんを演じている。

授業が終わってから、指導者で開く反省会で、教官が教えてくれた。あの髭の濃い大柄な子は、子どもらしい時間を持てないまま大人になった子なのだと。守ってくれる、甘えることのできる大人のいないところで育った子だという。

「だから、一度子どもになってみたかったんでしょう。終わってから、実にいい顔をしていました。うれしそうでした」

細身で小さな少年は、みんなにいじめられて育ったそうだ。

「彼は、逆に威厳のあるおとうさんをやってみたかったんでしょうね」

他人が書いた絵本を突ったって声に出して読むだけの話である。それでも「自己表現」になるのだと、身に沁みた。だから、どの一組にしても、似たようなものはなくて、一組一組違って、飽きることがなかったのだ。

この、毎回の小一時間の反省会は実に有益な時間だった。一人ですべての受講生を観察することはできない。この子が話していたとき、向かいの子がどんな表情で聞いていたか、といった情報を交換すると、教室が立体的に見えてくる。次の課題もわかってくる。こんな手厚い教室は、塀の外にはなかなかないだろうなあ、とつくづく思った。

絶対に無理強いしない

この教室ではほとんど「失敗」と呼べるようなことはなかったのだが、一つだけ、大失敗をしたことがある。絵本の朗読劇のとき「やりたくありません」と言う子がいた。わたしはつい「どうして?」「やってみたら面白いよ」「やってみようよ」と誘いまくって、とうとう彼を前に立たせてしまった。彼は、仏頂面(ぶっちょうづら)ながら朗読をしてくれた。終えると、ふてくされたような表情で戻ってきた。

この子が、次の授業のときに「嫌だ、教室には行かない」と言いだしてしまったのだ。「無理矢理やらされるのが耐えられない」という理由だった。

わたしは、教官たちに叱(しか)られてしまった。

「無理にやらせないでください。彼らは感じやすいんです」

このとき、教室のルールとして、二つのことを決めた。一つは「無理強いしない」。もう一つは「もしも発言できない子がいても、助け船を出さずにじっと待つ」ことだ。

順番が回ってきて発言できない子がいるとき、つい「なんでもいいんだよ。思ったことを言ってごらん」とか、「だいじょうぶ？　あとにしようか」などと言ってしまう。親切のつもりでも逆効果だと教官は言う。「ともかくじっと待ってみましょう」

あるとき、緘黙に近い受講生がやってきた。絵本の朗読の授業で、彼に振ると「無理です。ぼく、できません」と言う。すると、乾井教官が満面の笑みを湛えてこう返したのだ。

「そうか、できないか。よく言ってくれた！　やらなくていいよ。でも、やりたくなったら、いつでも言っていいんだぞ」

それを聞いた受講生の一人が、むくれ顔で言った。

「ええっ、先生、そんなのありですか。だったらぼくも、やらなかったのになあ」

乾井教官は、にっこりして抗議をした子に頷くと、「できません」と言った子を見て、こう言ったのだ。

「ほうら、きみが『できません』って勇気を出して言ってくれたおかげで、この教室には『しなくていい』っていう選択肢が生まれたんだ。みんな、きみに感謝していると思うよ」

みんなが笑顔になり、教室になごやかな空気が流れた。

授業が終わってから、緘黙の少年は乾井教官のところにやってきて、こう言った。

「先生。ぼく、きょう、生まれてはじめて、信用できる大人に会いました。いままで『できない』っていうと、『なに言ってるんだ。みんなやってるんだよ。きみもやりなさい』と叱られたり、『大丈夫、きみならできるから、やってごらん』って励まされたりして、とってもつらかったんです」

それを聞いたとき、雷に打たれたような気がした。そうだ、ときには、励ましがしんどいこともある。うつ病の人を励ましてはいけない、とよくいうけれど、あれと同じだ。受けとめてあげること、寄り添ってあげることが大切なのだ。乾井教官の対応のなんと的確で、愛にあふれていたことだろうか。

心の準備ができていない子もいる。たぶん、怖くて仕方ないのだ。だから、カタツムリのように殻に籠ろうとする。外をうかがい、そろそろと角を伸ばしかけたとき、その角を引っつかんで、無理矢理引っ張りだされそうになったら、驚いて角を引っ込め、体を縮めてしまう。殻から出てくるまでには、また長い長い時間が必要になる。

一方で「やりたくても、勇気が出ない」子もいる。「ぼくも、みんなの前で朗読してみたい」「拍手をもらいたい」と思っていても、勇気がなくて踏み切れない。「ほんとうにできるかな」「はずかしい」「失敗したらどうしよう」といった、負のイメージに押しつぶされそうになる。そんな子は、よく見ていればわかる。葛藤している気分が全身から滲みでているからだ。そんなときは、勇気づけ、そっと背中を押してあげることが大切だ。

「次、だれがやるかなあ。もう、いないの？　○○くん、やってみない」

そう振ると、頭を横にはげしく振って「だめです。だめだめ」と言ったりする。ここで見誤るとたいへんなことになる。ほんとうにやりたくないのか、やりたいのに躊躇しているのか。よくよく観察すれば、気持ちが見えてくる。行ける、と思ったら、もう一押しだ。

「頼むよぉ。わたしからのお願い」

すると彼は、まんざらでもなさそうな顔をして「そ、そうですか。先生にそこまで言われちゃあ、断れないなあ」などと言い訳しながら、いそいそと前に出てくるのだ。

こんな子は、いったん垣根を越えたら、とても自由になる。

「次、だれがやりますか？」

「はいっ」

「えっ？　きみ、いまやったばっかりじゃない」

すると、不服そうな顔をして、彼はこう言った。

「でもぼく、まだおとうさん役をやらせてもらっていませんから」

あまりにも鮮やかな豹変（ひょうへん）ぶりに、笑いたくなるくらいだった。

「いいですよ。じゃあ、やってみてください。こんどは、おとうさんね」

こんなふうにして、わずか一時間半の最初の授業で、みんなの表情がまるで変わっていく。交流不能と思われた人々が、積極的になり、表情豊かなお芝居（しばい）まではじめる。演劇、恐るべしだ。

はじめての授業から、こんなことが起こったので「まぐれ」だと思った。そんなにうまくいくわけがない、話がうますぎる、と感じていたのだ。

けれど、この「奇跡」は何度でも起こった。最終の十八期まで、毎回、必ずこんな変化があった。それはもう「奇跡」ではなかった。千差万別であるはずの人の心なのに、まるで化学反応のように必ず起きた。効果があるという、確かな手応えを得た。

刑務所で「宇宙論」

さて、二回目の授業である。なにをしてもいいと言われたから、最初は宇宙論をしてみた。刑務所で宇宙論なんて突拍子もない、と思われるかもしれないけれど、考えた末の選択だった。人は星空を見ると、それだけで癒やされる。目の前の悩みがちっぽけに思われてくる。さらに、そのメカニズムを知って、この地上にあるすべてが、みな「星のかけら」であることを知ったら、狭い狭い世界で差別され虐待され否定されてきた彼らも、大きな視野を持てて癒やされるのではないか、と思ったからだ。

まずは太陽系の大きさをイメージしてもらった。参考にしたのは『地球がもし100㎝の球(たま)だったら』(永井智哉・著 2002 世界文化社)。模型を使おうと思ったが、直径一メートルのバルーンなど手に入らないので、半分サイズにすることにした。

地球がもし直径50センチの球だったら……

富士山の高さ＝０・15ミリ
エベレストの高さ＝０・35ミリ
一番深い海の深さ＝０・45ミリ（凸凹しているみたいだけど、すべすべの地球）
大気圏＝厚さ０・５ミリ（薄いガラスのよう）
月の直径＝13・５センチ（15メートル先を回っています）
太陽の直径＝54メートル（18階建てのビルの大きさ）
（6キロ先で、まっかに燃えている）
人間＝０・05ミクロン＝1ミリの2万分の1（顕微鏡でなくては見えない）
地球の表面積＝一辺が90センチの四角と同じ（7割が海。陸は3割だけ）
日本＝一辺2・５センチの四角と同じ
そのなかに約1億２７００万人が住んでいます
そのなかの一人が、あなたです

地球は流行の健康バルーンを膨らませたもの。月は、百円ショップのプラスチックボールを二つ合わせて作った。それを廊下の端、十五メートルほど先まで持っていって見せると、みんなが月の遠さに驚いた。さらに、九十センチ角の色紙（いろがみ）で、地球の面積を表現した。七割が青、三割が黄色。その三割の陸のなかに、二センチ半角の赤い日本を置いてみた。みんなが一番驚いたのは、日本の小ささだった。宇宙の大きさや広がりよりも、日本の小ささに反応するのかと、興味深かった。次に、いよいよ宇宙の歴史だ。

ビッグバン↓原子核融合↓星の始まり↓原子核融合↓星の死↓超新星爆発
超新星爆発で飛散した重元素と、水素とヘリウムが集まって太陽系ができた
太陽も月も地球も、かつて宇宙のどこかで輝いていた星のかけらでできている
わたしたちもみんな星のかけら
いつかどこかで輝いていた星のかけらでできている

しかし、この話はあまりにも壮大で、あまりにも日常からかけ離れていて、受講生は、なにがなんだか、わからなかったかもしれない。それでも、飽きるふうでもなく、みんな最後まで熱心に聞いてくれたのが不思議だった。

授業の終わりに、一人の受講生がこう感想を述べてくれた。

「刑務所に入って、まさかこんな勉強ができるとは思いませんでした。きっと、外にいても一生知らなかったことです。帰ったら、子どもに教えてあげたい。自分たちはみんな、星のかけらだっていうこと。そのことを忘れずに、がんばります」

聞いていて、鼻の奥がツンとした。伝わったんだ！　ビッグバンと原子核融合のことはわからなかったかもしれないけれど、いちばん伝えたいことはちゃんと伝わっていた。

終わってから、細水統括がこう言ってくれた。

「みんな、すべてを理解できたわけではなかったと思います。でも、なんだかものすごく一生懸命伝えようとしてくれる人がいるっていうところが、心に響いたようです。自分たちのことをバカにしたり見下したりしないで、むずかしいことも噛み砕いて話そうとしてくださったこと、うれしかったと思います」

そして、ちょっと笑って、こうおっしゃった。

「でも、やっぱり、むずかしすぎたかもしれませんね」

確かに張り切りすぎたかもしれない。原子核融合の話をしたときの、あの子たちのポカンとした顔ときたら！　ごめん。次はもっと違うメニューを考えるね。

というわけで、刑務所で宇宙論を大熱弁した授業は、これ一回切りとなった。

集団朗読劇「どんぐりたいかい」

いろいろ考えて、二回目も絵本の朗読劇をしてみようと考えた。一回目の『おおかみのこがはしってきて』をしたときのみんなの反応が、あまりにもよかったからだ。

題材にしたのはわたしが書いた創作絵本『どんぐりたいかい』(チャイルド本社)。宮澤賢治の「どんぐりと山猫」のどんぐりたちが「自分がいちばんだ」と争うシーンを元にしたもので、一種のコメディだ。

仕掛け絵本なので、まずは読みながら仕掛けを楽しんでもらう。次に、この絵本をみんなで声に出して読む。それから、例のごとく朗読劇をしてもらう。ただし、これは前と違って出演者が多い。ナレーターも入れて七人にもなる。そこで、役の名前と絵を描いた札を作り、それを首からかけてもらうことにした。

もともと、実習場でもみんなと足並みが揃わず、だからこの教室に選抜された面々だ。いきなり七人もの集団劇ができるだろうかと不安もあったが、ともかく当たって砕けろだ。

「じゃあ、自分がやりたい役の札を取ってください」

そう言って、札を床に撒いたとたん、奇跡が起きた。前の時間に「無理です。ぼく、できません」と言ったあの子が、なんといちばん最初に札に手を伸ばしてくれたのだ。それを見ただけで、わたしは胸がいっぱいになって、涙がこぼれそうになった。

「おお、いいぞぉ」

乾井教官もうれしそうに笑った。「できません」と言う彼を受け容れてから一カ月。こんなにも早く、こんな形で実を結ぶなんて！　魔法としか思えないが、現実だ。

彼が手を伸ばしてくれたので、みんなもつられたように、次々と札に手を伸ばした。それを胸に下げて、いよいよ朗読劇の開始だ。

［どんぐりたいかい］

きょうは　ねんに　いちどの　どんぐり　たいかい。
はらっぱは　どんぐりたちで　いっぱい。
だれが　いちばん　えらいか　みんなで　きめるのです。
ぴょんと　おどりでたのは　ふとっちょ　どんぐり。

大ちゃん　ぼくが　いちばんだい！
　　　　　おおきいのが　いちばん　えらい！
のっぽくん　ちがう　ちがう　かっこよさで　きめるんだ。
　　　　　いちばん　かっこいいのは　この　わたしだ！
美人ちゃん　ちがうわ　ちがうわ。かわいさで　きめるのよ。
　　　　　いちばん　かわいいのは　この　わたしよ！
普通くん　（横から）こらあ。かわいいのと　えらいのは　ちがうぞーっ。

栗太郎　（みんなを押しのけながら）えーい、どけどけ、どけどけーっ。
大ちゃん・のっぽくん・美人ちゃん・普通くん　（叫ぶ）きゃあ〜〜！
栗太郎　いいか、みんな、よくきくんだ。
いちばん　えらい　どんぐりは　なんてったって　おれさまさ。
おおきくて　おもたいし　せも　たかいし　まんまるで
そのうえ　かわいい。
どうだ　まいったか。

みんな　しーんとして　しまいました。

大ちゃん　ん？　なんか　へんだぞ。
のっぽくん　おまえ……どんぐりじゃ　ないな。
美人ちゃん　あっ。あなた　くりでしょ！
普通くん　そうだ！　いがいがの　くりたろうだ！

栗太郎　（頭を抱え）しまった　ばれたか。ごめん。

くりたろうは　こそこそ　きりかぶから　おりていきました。

大ちゃん　なあんだ。やっぱり　ぼくだ。ぼくが　おおきい！

のっぽくん　ちがう　ちがう　わたしだ。わたしが　かっこいい！

美人ちゃん　ちがうわ　ちがうわ。かわいいのが　いちばんよ。

栗太郎　かわいいのと　えらいのは　ちがうぞーっ。

みんな　もう　おおさわぎ。

するど、いちばん　こえの　おおきな　どんぐりが　いいました。

正義くん　ちがうーっ。そんなのは　うまれつきだ。

おおきくても　ちいさくても

まるくても　ながくても　ちっとも　えらくない。
たいせつなのは　こんじょうだ！　こんじょうで　きめよう。

大ちゃん・のっぽくん　そうだ　そうだ　こんじょうだ！

美人ちゃん・普通くん・栗太郎　そうだ　そうだ　そのとおり！

みんな　さんせーい！

普通くん　でも　どうやって？

正義くん　「くるくるまわり」で！

みんな　そうか。「くるくるまわり」か！

大ちゃん・のっぽ君　そうしよう　そうしよう。

美人ちゃん・普通くん・栗太郎　それがいい　それがいい。

正義くん　よーし。じゃあ　いくぞ。みんな　よういは　いいかい？

みんな　いいよー。

正義くん　よし。よーい　どん！

まわる　まわる　どんぐりが　まわる。
おおきいのが　まわる。ちいさいのも　まわる。
ながいのも　まわる。まるいのも　まわる。
みんな　みんな　くるくる　ぐるぐる。

ああ　めが　まわる　めが　まわる。
くるくる　ぱたん　ぐるぐる　ぱたん。
とうとう　みんな　ひっくりかえって　しまいました。

正義くん　おーい。だれが　さいごまで　まわって　いたんだ?
みんな　わからな〜い!
正義くん　しょうがないなあ。この　つづきは　らいねんだ。
大ちゃん　らいねんは　まけないぞ。
のっぽくん　なあに　こっちこそ。

美人ちゃん　また　おあいしましょうね！
普通くん　うん　また　あおう。
栗太郎　（心配そうに）ねえ、ぼくも　いれてくれる？
みんな　いいとも！
　　みんな　にこにこ　さよなら　またね。
みんな　さようなら～　バイバ～イ　（手を振りながら　わかれる）

絵本の地の文章を削って台詞（せりふ）だけにした台本を作り、Ａ４の表裏に印刷してラミネート・パウチした。手元で楽に読めるようにしたのだ。そこにもうひと工夫。それぞれの役の台詞にマーカーを塗って、その役専用の台本にした。たとえば「のっぽ君」なら、のっぽ君の台詞に色がついていて、その役の子は、色のついたところだけを読めばいい。「みんな」で声を合わせる部分の台詞にもちゃんと色がついているから、間違える心配がない。

ともかく、彼らの負担を少しでも軽減したかった。

さらに、乾井教官が、床に色つきのビニールテープを貼ってくれた。

「ここが切り株です。順番に、ここにあがって台詞を言ってください」

さあ、朗読劇の始まりだ！　最初はだれもが、おずおずしている。

「台詞を言うときは、切り株の上に乗ってね」と観客席から声をかけた。

大ちゃん役の子が「ぼくが　いちばんだい」と蚊の鳴くような声で言う。

「もっと大きな声を出して、うんといばっていいんだよ」

「は、はい。『ぼくが　いちばんだーい』」

「そうそう、その調子。つぎ、のっぽくん」

「『ちがう　ちがう　かっこよさで　きめるんだ』」

彼は、そう言いながら、ごくごく遠慮がちに切り株にあがった。

「のっぽくん、もっと元気に、大ちゃんを押しのけるようにしてみて」

すると、のっぽくんは、途方(とほう)に暮れたような顔をした。

「先生、無理です。そんなこと、ぼくにはできません」

はっとした。静かで目立たない子だった。人を押しのけるようなことは、演技だとわかっていてもできないほど繊細で気が弱いのだ。

「いいよ、いいよ。押しのけなくていいから、やれる範囲でやってごらん」と竹下教官が助け船を出す。

「はい。えーと、『ちがう　ちがう　かっこよさで　きめるんだ。いちばん　かっこいいのは　この……わたしだ……』」と、彼が遠慮がちにいうと、客席から竹下教官が「オッケー」と微笑んだ。みんなもにこにこして見ている。

美人ちゃんの役は、乾井教官が買って出た。

「『ちがうわ　ちがうわ。かわいさで　きめるのよ。いちばん　かわいいのは　この　わたしよ！』」

オクターブ高い声で、わざとブリッ子の表情をしてみせる。まるで吉本新喜劇だ。みんなが一斉(いっせい)に笑う。場の雰囲気が一気になごむ。

みんなで声を合わせるシーンもあるが、タイミングがバラバラだ。それでも、お構いなしに進める。「上手に演じること」が目的ではないからだ。そして、いよいよ「ぐるぐる回り」の場面。

「みんな、好きに動いてね！」

そう声をかけたが、どこの子もなかなか動けない。刑務所のなかでは自由に動いていい場面なんてないから、戸惑ってしまったのだ。「こんなふうに、くるくる回ったり」とやってみせると、真似してそろりそろりと回りだす子もいる。そして、目を回して倒れるシーン。全員が絨毯に横になった。

一回目はそんな感じでおずおずとしているが、メンバーを換えて、二回、三回と上演するほどに、みるみる様子が変わってくる。

美人ちゃんを演じる子が、思いっきりわざとらしくかわいこブリッ子してみせる。台詞をアレンジして関西弁にする子が出てくる。だんだん息が合ってきて、「そうだ、そうだ」がきれいなシュプレヒコールになる。みんな、声を合わせることの喜びを感じているようだ。「ぐるぐる回り」の場面でも工夫が見られる。電車ごっこのように一列に連なって教室を回るチームも出てきた。メンバーや配役を替えると変化があり、そのたびに小さな創意工夫が生まれる。演じる方も見る方も飽きない。芝居はぐんぐん洗練されていく。

いままで「できない子」「無理」という烙印を押され、排除されてきた心の歴史を持つ子たちだ。それが、彼らをさらに臆病にしてきた。しかし、わずか一時間半でのこの変化はどうだ。自分たちで創意工夫して、息を合わせてお芝居をしている。それが、彼らの喜びになり、快感になっているのが、見ているこちら側にも伝わってくる。彼らの心のなかに、小さな自信が芽生え、ぐいぐいと伸びていくのが目に見えるようだ。

「どんぐりたいかい」の集団劇は最終の十八期までずっと続けられた定番授業となった。

こんなこともあった。授業の最初から、ひどくうつむいている受講生がいた。教官が心配して「しんどかったら無理せんでええんやで」と声をかけるほどだ。ところが「どんぐりたいかい」のお芝居をはじめたら、だんだん元気になり、最後には自分から役を買って出るほどになった。芝居の力、いや、仲間の力、恐るべしだ。

あるときは、ちょうど廊下を通りかかった刑務官がこれを見て、びっくりしてあとで聞いてきたことがあった。

「みんな、実習場で孤立している子、手を焼いている子ばかりなのに、あんなに息の合った集団劇ができるなんて、すごいですね。一体、何時間くらい練習したんですか？」

「きょう、はじめてやったんです。みんな、初見なんですよ」

「ええっ！　どうしてそんなことができるんですか！」

無理もない。だれとも息の合わなかった子ばかり集まって、こんなに生き生きとお芝居をしているなんて、すぐには信じられない奇跡の光景だっただろう。けれど、これも奇跡なんかではない。「秘訣」があるのだ。

安心・安全な教室

人間、ビクついたり怯えていると、萎縮してしまって充分に力を発揮できない。実習場にいる彼らは、まさにその状態だった。「また手順を間違えるんじゃないか」「叱られはしないか」「うまくできてないんじゃないか」そんなことが気になって仕方ない。だから、ちょっとした不手際や、人から注意されただけでパニックになり、わけがわからなくなってしまう。相手がなにを言っているのかすら理解できなくなってしまうのだ。当然、会話は成立しない。通じないので、相手はますますイラつく。それを見て、ますます萎縮する。その悪循環だ。こんな状態では、本来持っている力の半分も発揮できない。

これを解消するために必要なのが「安心・安全な場」だ。これに尽きる。

わたしたち指導者側がいちばん心がけたのが、このことだ。教室をいかにして「安心・安全な場」にするかをまず大切にした。社会性涵養プログラムの最初の授業で教官たちは、受講生たちに、このプログラムの目的をこんなふうに語る。

「この授業は、みなさんが出所したときに、人とコミュニケーションがしやすくなって、少しでも楽に生きられるようになってほしいと願って行なうものです。困ったときは人に助けを求められるように、嫌なことはちゃんと断れるようになって、しあわせに生きてほしいと思っています。

ですから、この教室ではみなさんに『点数』をつけません。評価は一切しません。教室での様子によって、仮出所が早くなるとか遅くなるとか、そんなことはまったくありませんから、安心してください」

こう言われるだけで、彼らはかなり楽になる。いままで「評価」に晒され、常に「おまえはダメだ」「なってない」「普通にできないのか」と親にも教師にも友だちにもなじられ続けてきたからだ。でも、ここではそんなことを言われる心配はない。

「刑務所生活は、とてもきびしいものです。だから、この教室に来たときだけは、みんなにほっとしてほしいんです。リラックスして、英気を養ってください」

普段はいつも規律規律できびしく縛られている彼らだ。歩くときも「はい、五指揃えて。一・二、一・二」と、指先まできれいに揃え、号令に合わせて行進しなければならない。新入時の教誨師の講話を聞くときも、両手を軽く握って膝の上に置くと決まっている。お風呂でさえも号令に合わせて湯舟に浸かり、号令で一斉に出る。安心してゆっくり温まり、鼻歌をうたう、なんてことは絶対に許されない。そんな刑務所生活で、ここだけは自由だと聞かされ、彼らはほっとする。

教室には絨毯が敷いてあり、靴を脱いで入る。空調も効いている。エアコンがあるのはこの教室だけだ。夏は煉瓦が熱を持ち、夜になってもオーブンの余熱のなかにいるような暑さのなかで、彼らは暮らしている。冬は冬で徹底的に底冷えする。最近では滅多に見ないしもやけやあかぎれの子を何人も見た。つまり、この教室だけが別天地なのだ。夏は涼しく、冬は暖かい。大きな窓からは、広々とした空が見え、春には、窓の外の桜の古木が淡いピンクの花を咲かせる。小鳥たちのさえずりも聞こえる。

わたしたちは、彼らを「評価」しないように気をつけた。これが結構むずかしい。竹下教官は「誉めることも彼らの心に傷を作ること」とさえ言い切る。

「いい評価をすると、いい評価をもらわなかった子たちに『ああ、おれはダメなんだ』と思わせてしまうことがあります。いい評価を受けた本人も『こうしなければ評価してもらえないんだ』と、無理に背伸びをさせることになりかねません。『ここまでできたら合格』というのは、それ自体が抑圧になってしまいます。ですから、この教室では『評価しない』ということを大切にしたいと思います」

そう言われて、最初は途方に暮れた。人間、誉められればうれしいし、がんばりたいと思う。「誉めて伸ばす」のは当然のことだと思っていた。それが抑圧の手枷足枷になってしまうなんて。では、どう語りかけたらいいのか。

「上から目線で『よく書けているね』と言うのではなく、『わかるわかる』『先生もそう思うわ』という感じ。それも、あんまり大袈裟に共感するより、さらっと受けとめるくらいがちょうどいいんです。わたしは『オーケー』という言葉をよく使いますね」

この技を習得するのはたいへんだったが、二人の教官がよいお手本を見せてくれたので、わたしたちも少しずつだが、できるようになっていった。それでも、詩を読んで、思わず「すてき！」と口をついて出てきてしまうことも多々あった。

理屈はわかっても、簡単にできることではない。野球の長嶋選手が「こうやって、バットを振って球に当てればいいんですよ」と指導したという笑い話があるが、それと同じだ。教室での受刑者への接し方も、教官たちの長年の経験と熟練あってこそだと感じた。

さらに、この教室では「注意しない」ことにしている。たとえ、ふんぞり返って座っていても「ちゃんと座りなさい」とは言わない。突っ伏して寝ている子がいても、「どうしたの？　だいじょうぶ？」と声をかけるだけだ。本人が顔をあげ「眠いだけです」と言ったら「そうか、疲れているんだね」とねぎらいの声をかけるに留める。「ちゃんと起きて聞きなさい」とは言わない。

もう一つは「待つ」ということ。指導者は受講生を急かさない。順番に発言してもらうとき、なかなか声の出ない子がいる。そんなときは、黙ってじっくり待つ。

声の出ない子のほとんどが、強い虐待を受けてきた生育歴があった。「口を開けば叩かれる」が染みこんでしまって、トラウマになっている。だから、どんなに安全だとわかっていても、声が出ない。声を出すためには、トラウマの絶壁をよじのぼり、越えなくてはならない。しゃべれないでいるあいだ、本人はほとんど垂直に切り立ったトラウマの壁を必死で這いあがっている状態なのだ。わずかな岩のでっぱりにやっと手が届いたとたん「なんでも思うとおりに言ってごらん」なんて声をかけられたら、手が滑って転げ落ちてしまう。気を取り直してまたのぼりはじめ、ようやく喉元まで声が出かかったところに「あとにしようか」と言われ、出る声も出なくなる。だから、待つ。ひたすら、待つのだ。

そのことをネットのSNSで書いたら「かわいそう」「虐待だ」という声があがった。確かに、じっと待っている沈黙の時間は気詰まりだった。ついなにか言いたくなる。

しかし、教室の仲間たちは、意外にもさして気にしているふうではなかった。なんとなく手持ち無沙汰という感じではあっても、圧迫感はなかったように思う。かえって「ああ、ぼくがもし答えられなくても、こうやって待ってもらえるんだな」と安心感を持ってもらえたようだ。

じっくり待ってみると、驚くべきことに、必ず声が出るのだ。言葉の出にくい子は何人もいたが、その全員が、最後には必ず声が出た。待つといっても、何十分もかかるわけではない。ほんの数分のことだ。その数分も、沈黙していると長く感じるし、九十分の授業のなかでは貴重な時間だ。でも、焦る必要はない。どんなに長くても、五分かかるということは、まずない。声は出る。待てば出る。

待ちに待って声が出たとき、周囲もどれだけほっとするか。それで、つい「はい。どうもありがとう。じゃあ、次の人」と言いたくなるところだが、ここは必ずひと呼吸置かないといけない。ようやく発することができたそのひと言の後ろには、言いたいことが芋づる式にぶらさがっているからだ。だから「はい。ぼくもそう思います」と返答したその後、ひと呼吸置いて、言いたかったことがツルツルと出てくる。ああ、この子はほんとうはしゃべりたかったのだ、言いたかったのだ、彼の言葉たちはみな、重石を付けられて外に出てこられないでいたのだ、と実感する。

こんなふうにして待ってあげられると、次にその子が発言するとき、発言までに要する時間が半分になる。そのまた次には、もう半分に。そうして、最後の授業では、しゃべりだしが心持ち遅いくらいで、ごく自然に話せるようになる。目の前でその変化を見て、何度驚いたことだろう。まるで化学反応のように、ちゃんとそうなるのだ。

なかには、ひどい吃音の子もいた。最初は言葉が出なくてとても苦しそうだったが、これもゆっくり聞いてあげていたら、最後の授業では、ほとんどどもらなくなっていた。「あれ、あの子、どもってたよね」と、驚いたりすることも、しばしばだった。

というわけで「待つ」が、この教室の鉄則になったわけだが、あるとき、こんなことがあった。なかなか言葉の出ない受講生に、教室の仲間が、助け船を出したのだ。わたしは「鉄則」に捕らわれていたから、思わずそれを止めようとした。すると、教官がわたしの顔を見て「彼らの思うようにさせてあげて」と目で合図をしてきた。わたしは出かかった言葉を飲んで、彼らの思うようにしてもらうことにした。

助け船を出された本人は、友だちの声援にほっとしたような顔をして、その場には気持ちのいい和気藹々（わきあいあい）とした雰囲気が生まれた。指導者が出す助け船と、仲間が出してくれる助け船とでは、それほど大きく意味が違ったのだ。

なにごとも捕らわれてはいけないのだと思った。化学反応のようにうまくいったからといって、それだけが唯一の解ではない。人の心であり、人が作りだす「場」で「座」だ。それは生きている。彼らをよく見て、臨機応変に心を寄り添わせていくことこそが大切だ。

話が逸れたが、元に戻せば、つまりこの教室は、彼らにとって「すぐに答えられなくても、ちゃんと待ってもらえる」「評価されない」「叱られない」「安心・安全な場」なのだ。だから、リラックスできる。リラックスすれば、充分に力を発揮できる。仲間との共同作業のなかで、自分が持っている以上の力を発揮することも可能になる。それが、なによりも規律と能率を重んじる実習場とは大きく違うところだった。だから、彼らは集団の朗読劇で、あれほど力を発揮することができたのだ。

わたしたち指導者側の仕事は、彼らを「指導」したり「善導」することではなかった。それでも、最初はつい、なにか彼らの役に立つようなことを言おうとしてしまった。しかし、上から目線で「指導」「善導」をしようとすると、彼らは敏感にその匂いを嗅ぎわけて、反発心を抱く。だから、わたしもみるみる「指導」をしなくなった。なによりも教室を「安心・安全な場にすること」に専念した。そんな場を作れば、受講生たちは、自分で勝手に伸びていってくれるのだ。目覚ましいほどに。

実は、わたし自身も、この授業によって変わっていった。心が開かれ、彼らの詩に寄り添い、すなおに共感できるようになっていった。長年教育に携わってきた教官たちさえ、この授業を続けることで「自分自身も変わった」と後に語ったのには、驚いた。

とはいえ、受講生とラフな友だち関係になったかというと、そうではない。彼らは、わたしたちに敬意を払ってくれていた。それは「先生」という立場への敬意ではなくて、「ぼくたちの気持ちを受けとめてくれる大人」へのものだったように思う。

「安心・安全」であれば、だれもが持っている力を十全に発揮できる。家庭がそんな場であれば、子どももぐいぐい伸びるだろう。反対に「勉強しなさい」「なにグズグズしているの」「早くしなさい」「ゲームばっかりして」などと四六時中叱られていたら、家庭は安心・安全な場所ではなくなってしまう。子どもの気力も削がれてしまう。

加古川で家庭教師派遣会社「家庭教師システム学院」を経営する長谷川満さんと話して、やっぱりそうなのだと知った。わたしは最初、家庭教師とは「子どもに無理に勉強をさせる仕事」だと思っていたのだが、まるで違っていた。長谷川さんがいちばん大切にしているのは、家庭が子どもにとって「安心・安全な場」になることだった。そのためには、親が子どもを自分の思い通りにコントロールしようとすることを止めることだという。子どもを信頼し、心に寄り添うことができると、子どもは自立心を持ち、意欲を出して、みるみる成績もあがっていくそうだ。「人の心には、必ずよき種が眠っていて、環境が整えば、自分から光に向かって伸びていく。その大切な環境が、安心・安全な場なのです」と言う。

その方法が、あまりに「社会性涵養プログラム」に似ているので、驚いた。刑務所と家庭教師、まるで違う場所と環境でありながら、同じ方法論に行きついている。それはきっと、それが人間にとって普遍の真実だからではないだろうか。

子どもを信じて待つ。口で言うのはたやすいが、むずかしい。けれど、わたしは奈良少年刑務所での授業を通じて「信じていいのだ」と確信することができた。困難を抱え、刑務所まで来てしまった子でさえ、信じて待てば、自分から成長する。それも、目を見張るほどの成長だ。どんな人も、心のなかに光に向かって伸びる種を持っている。その見えない種の力を信じて待つことを、わたしは刑務所の受講生たちから教わったのだった。

まど・みちおさんと金子みすゞさん

絵本を使った二回の授業が終わると、いよいよ詩の授業に入る。ここまでは、いわば詩を書くための「心の準備体操」だ。教室が安心・安全な場であること、理解してくれる教官と信頼できる仲間がいること。これを実感してもらわなければ、「詩」なんか書けるわけがない。詩を書くというのは、心を開き、魂を表現することだからだ。

しかし、書くことに不慣れな彼らだ。簡単には書けないのではないかと案じた。だから、まずは「詩」なるものに触れてもらおうと、まど・みちおさんと金子みすゞさんの詩を読んでもらうことにした。平易でわかりやすく、かつ心にしみる深い言葉だからだ。

最初に、まどさんの詩のなかでも最も有名な「ぞうさん」を読んだ。「ぞうさん　ぞうさん　おはなが　ながいのね」と始まる歌だ。ひらがなだけで書かれたものでも、りっぱに「詩」になると、受講生に知ってほしかった。

みんなにこの詩のプリントを配ると、一人がさっそく「あ、これ『ぞーぉさん　ぞーぉさん』ですね」と節を付けて歌い、片腕を鼻に見立てて大きく振ってみせた。

「そうそう、その通り。じゃあ、みんなで声に出して読んでみましょう」

すでに絵本の授業をしているので、抵抗なく朗読してくれる。

「せっかくだから、みんなでお遊戯（ゆうぎ）やってみようか」と教官が提案した。「えーっ」と不服そうな声があがる。朗読には慣れても、お遊戯となるとさすがに引かれてしまった。

「そんなの恥ずかしいです」とか「やりたくないです」と口々に言う。

「いやあ、やってみたら案外楽しいぞ」と教官がにこにこ顔でうながすと、みんなしぶしぶ承知した。椅子から立ちあがり、輪になって、腕を大きく振りながら「ぞーぉさん　ぞーぉさん　おーはなが　ながいのね♪」と歌いながら歩いてみた。

　ところが、やってみるとこれが楽しい。実に楽しいのだ。みんな、だんだん気分が乗ってきて、腕を大きく振りながら行進する。声もどんどん大きくなる。幼な心が全開だ。

　ところが、一人だけ、頑なに席を立たない子がいた。「どうしたの？　いっしょに歌おうよ」と誘ってみたが、やはり「嫌だ」と言う。

「この歌、知ってるよねえ？」

「知りません」

　ドキッとした。思わず「幼稚園で歌わなかった？」と聞いてしまった。

「幼稚園、行ってないですから」

「あ、あの、小学校では？」

「小学校も、行ってませんから」

しまった、悪いことを聞いてしまったと冷汗が滲んだ。ネグレクトだ。この子は、育児放棄されて、小学校にすら行かせてもらえなかったんだ。そんな子が、ここには来ている。

「そうだったの。ごめんね」

世間の当たり前を、ここでは当たり前だと思ってはいけなかったのだと、身に沁みた。

そんな事件があったとはいえ、この「ぞうさん」のお遊戯は好評を博した。終わると、伸びやかな解放感が教室に満ちた。

授業後の反省会で、教官がこう語ってくれた。

「あの子たちは、子どもらしさを充分に出せない環境で育ってきているんです。甘えることも、子どもらしく振る舞うことも許されない状況にあった。だから、変に大人になってしまっているんです。ですから、彼らのなかの『チャイルド』を解放してあげることが大切なんです。無邪気な自分自身になる。それが、更生への一歩になるんです」

まど・みちおさんの詩では「タンポポ」「するめ」「おならはえらい」「つけものの　おもし」を、金子みすゞさんの詩では「私と小鳥と鈴と」「大漁」「星とたんぽぽ」「わらい」を読んで、感想を語りあった。とてもいい時間だったし、楽しかった。彼らは、砂に水が浸み込むように、詩のリズムや音を吸収し、みるみる新たな力をつける。じきに、音楽のようにリズミカルに朗読してくれる子もでてきた。

しかし、彼ら自身が書いた詩を読み、感想を述べあう方が、ずっと効果があがると後にわかった。彼らの様子が、目に見えて変わる。息を飲むような変わり方を見せてくれることもしばしばあった。ああ、違うのだ、と思った。彼らにほんとうに必要なものは「すぐれた詩作品」ではない。もっともっと大切な、彼らが切実に必要としているものがある。それは「彼ら自身の言葉」であり、それを「彼ら自身で分かちあう」ことなのだ。

そこで、まど・みちお先生と金子みすゞ先生には、四期を最後に、お引き取りいただくことになった。五期からは、三回目から詩を書いてきてもらうことにした。

「次回は、詩の授業をします。みなさん、宿題で、詩を書いてきてくださいね」

するとと、ある受講生から手が挙がった。

「せ、先生。あの、シュ、シュクダイって、なんですか？」

この子もまた、学校に行ったことがなかったのだ……。

詩が開いた心の扉

心の闇は虹の七色

というわけで、ようやく詩の授業にたどりつくことができた。ここまでの時間は、彼らにとって詩を書くための心の準備体操であり、わたしにとっては彼らを知るための準備期間だった。わたしは、受刑者たちのことをまるでわかってなかった。彼らの育った世界は、わたしが見てきた世界から、それほどかけ離れていたからだ。童謡の「ぞうさん」や「宿題」という言葉を知らない子が実際にいるなんて、わたしには想像ができなかった。わたしは、分断化された社会の上澄みで、きれいな水だけを飲んで、のうのうと過ごしてきたに違いない。彼らに出会うのは、新聞の記事やテレビのニュースだけ。背後にある悲しい物語を知らず、社会に表出した最悪の結果だけを見てきたのだ。そして、漠然と犯罪者を

「恐い人々」だと思いこんでいた。

けれど、実際に出会った彼らは違った。そのことをみんなにも知ってほしくて、二冊の『奈良少年刑務所詩集』を編纂したし、この本を書いている。

さて、いよいよ詩の授業だ。そのためには彼らに詩を書いてきてもらわなくてはならない。「詩」というと、だれだってそれだけでハードルが高くなる。それはきっと「詩」が、神聖な、魂の言葉であるからだろう。そして、なにか美しいことやいいこと、独特の視点を持った気の利いた言葉を書かないといけないという先入観があるからかもしれない。まずはハードルを下げようと思った。

「みなさん、詩を書いてきてください」と言うと「えーっ」という声が起きる。

「大丈夫、むずかしく考えないでくださいね。りっぱなことやいいことを書こうと思わなくても、いいんです。上手に書く必要もありません。なにを書いても構いません。たとえば、『きょうは暑かったな』なんて、たった一行書くだけでもいいんです。小さな頃の思い出、うれしかったことや悲しかったこと、将来の夢や希望、心配や不安を書いてくれても構いません。もちろん、いまの気持ちを書いてもらってもいいです。どんなことでも、刑務所への苦情や教官や刑務官の悪口でも構いません。なにを書いてきても、この教室では絶対に叱りません。懲罰にもなりませんから、安心してください。もし、どうしても書くことが見つからなかったら『好きな色』について書いてきてくださいね」

すると、さまざまな色の詩が提出された。一口に「犯罪者の心の闇」なんていうが、そんなことはない。それを、講師控え室で読んだとき、胸がいっぱいになってしまった。青、赤、黄、緑……うす紫、なんていうかわいらしい色を挙げた子もいる。そこには、さまざまな、それこそ虹の七色よりも多彩で繊細な色があふれていた。こんな色も。

金色

金色は
空にちりばめられた星
金色は
夜　つばさをひろげ　はばたくツル

金色は
高くひびく　鈴の音
ぼくは金色が　いちばん好きだ

無口で無骨な感じのするAくんの作品だ。金色といっても、目に見える色だけではなく、空を飛ぶ鶴のイメージや鈴の音色を「金色」と表現している。なんとみずみずしく豊かな感受性だろう。彼が、心のなかにこんなにも美しく静謐(せいひつ)なイメージを抱えているとは、想像もつかなかった。「詩」でなければ、表現できないことだったかもしれない。
次は、おとなしいBくんの作品。

銀色

無限にある色のなかで
ぼくは　銀色が気になってしょうがない

銀色には　さまざまな姿が写る
人の姿や動き
物の形や大きさ
小さく写ったり
大きく写ったり
銀色は　見えぬ色でもあるけれど
見える色

子どもの頃、スプーンや魔法瓶に顔を映してみたときのことを思いだした。自分の顔が大きく歪むのが面白くて、近づけたり遠ざけたりして遊んだものだ。森羅万象（しんらばんしょう）の色彩を映しているはずなのに、鏡を「銀色」と感じるのも、考えてみれば不思議なことだ。

大人になることで、わたしはそんな思いをどこかに置いてきてしまった。けれど、Bくんは、いまも子どものような驚きを持ち続けている。それが新鮮だった。なんとやわらかな心をしているのだろうか。けれども、もしかしたら、それゆえに彼は、この世界では生きにくかったのかもしれない。
「黒」を挙げる子も多かった。「男らしさ」の象徴だからだろう。Cくんの詩。

黒

ぼくは　黒が好きです
男っぽくて　カッコイイ色だと思います
黒は　ふしぎな色です
人に見つからない色
目に見えない　闇の色です
少し　さみしい色だな　と思いました
だけど
星空の黒はきれいで　さみしくない色です

残酷な事件が起きると、人はすぐに「心の闇」と言う。理解不能なモンスターであるとして切り離し、社会から排除しようとする。しかし、その闇も、ただ一色に塗りつぶされた単調な黒ではないのだ。こんなにニュアンスに富んだ、豊穣（ほうじょう）な闇だ。

読んでいて、切なくなった。「人に見つからない」「闇の色」を、Cくんは「さみしい色」と感じている。人生のなかで、きっとそんな思いをしてきたのだろう。物かげに隠れて怯えているCくんの姿が透けて見えた。

けれどもCくんには、永遠の広がりを持つ星空を求める気持ちがある。「さみしくない色」と語ってくれたところで、救われた気持ちになった。

犯罪者とはいえ、「心の闇」は、こんなにも重層的な響きを抱いているのだ。

詩が開いた心の扉

たった一行だけの詩から、みんなの心の扉がいっせいに開かれたことがあった。

くも

空が青いから白をえらんだのです

ひと目見て「なんと詩的な言葉だろうか」と思った。主語は省略され、タイトルがそれを示している。「空が青いから、わたしは白という色を選んで、空に浮かんでいるのです」という雲の一人称だ。

「Dくん、声に出して、読んでみてください」

するとかれは、下を向いたまま、ひどい早口でツラツラっと読んでしまった。不明瞭で、なにを言っているのかさっぱりわからない。

当時、Dくんには薬物中毒の後遺症があった。そのため、ろれつが回らない。頭には、父親から金属バットで殴られたという痛々しい傷跡があった。それも言語不明瞭の原因かもしれない。虐待され、親から否定され続け、自分に自信を持てないから、いつも下を向いている。早口なのは、発言時間を少しでも短くしたいという思いからだろう。

「ごめんね、よく聞こえなかった。悪いけど、もう一度読んでくれないかな」

それでも、まだよく聞きとれない。短い詩なので、何回か読み直してもらった。

「ごめんね、向かいのお友だちに、よーく聞こえるように、顔をあげて、ゆーっくり読んでみてちょうだい」

そう言うと、Dくんはようやく顔をあげ、やっと聞きとれるような言葉を発してくれた。

「空が…青いから…白を…えらんだのですっ」

息を詰めるようにして聞いていた仲間たちが、ほっとして、一斉に拍手を送った。わたしも教官たちも拍手をした。だれもが、うれしそうだった。おべんちゃらではない、心からの拍手だ。すると、Dくんが「せ、先生」と、遠慮がちに手を挙げた。

「あ、あの……ぼく、話したいことがあるんです。話してもいいですか」

びっくりした。いつもうつむいたまま、ほとんど話さないのに、自分から話したいと言いだしたからだ。心の扉が開いた瞬間だった。

「どうぞ、どうぞ話してください」

すると、Dくんは話しはじめた。最初のひと言は、いまでも耳にはっきり残っている。

「ぼくのおかあさんは、今年で七回忌(ななかいき)です」

胸がひやりとした。どもりながらつっかえながらのDくんの話の要旨はこうだ。

「おかあさんは、体が弱かった。けれども、おとうさんはいつも、おかあさんを殴っていました。ぼくはまだ小さかったから、おかあさんを守ってあげることができませんでした。おかあさんは亡くなる前に、病院でぼくにこう言ってくれました。『つらくなったら、空を見てね。わたしはきっと、そこにいるから』。ぼくは、おかあさんのことを思って、おかあさんの気持ちになって、この詩を書きました」

胸がいっぱいになって、涙を堪(こら)えるのがやっとだった。たった一行の詩の向こう側に、こんな物語があったなんて。

Dくんの言葉が、受講生たちの心の扉を開いた。自分から次々に手を挙げたのだ。

「ぼくは、Dくんは、この詩を書いただけで、親孝行やったと思います」

なんてやさしい！　おかあさんをおとうさんの暴力から守ってあげられなかったことに罪の意識を持っているDくんに、「大丈夫だよ、親孝行できたよ、詩を書いただけで供養(くよう)できたからね」と話しかけてくれているのだ。その彼が、実は殺人という重い罪で服役している。こんなやさしい気持ちを持っているのに、なぜそんなことをしてしまったのか。別の子が手を挙げた。

「Dくんのおかあさんは、きっと雲みたいにまっ白で清らかな人なんだろうと思いました」

そんなすてきな想像力を持っているのに、なぜきみは犯罪なんかしてしまったの、どうなるか考えなかったの、と喉元までこみあげたが、ぐっと飲み込む。

「ぼくもです！　Dくんのおかあさんは、きっと雲みたいにやわらかくてふわふわで、やさしい人なんじゃないかなと思いました」

もう、どいつもこいつも、なんてやさしいんだろう。一体、なにがあって、きみたちはここにいるのだろうかと、そんな問いが心のなかを駆け巡った。

すると、また一人、勢いよく手を挙げた。「Eくん、どうぞ」と指すが、なかなか声が出ない。背の高い子だった。それなのに、そう見えないのは、いつも背を丸めて縮こまっているからだ。ずっとうつむいたまま、暗い顔をしていた。まるで、そこだけ「闇のスポットライト」が当たっている、と思うほどの暗さだ。

「ぼ……ぼ、ぼくは……」と、声を出そうと必死でもがいている。彼の前に目に見えない大きな壁が立ちはだかっているのがわかる。Ｅくんはその壁を必死でのぼっていた。しばらくして、ようやく絞りだすように、こう言った。

「ぼくは、おかあさんを知りませんっ。でも、ぼくもこの詩を読んで、空を見あげたら、おかあさんに会えるような気がしてきましたっ」

そして、わっと泣き崩れてしまった。教室のみんなが、口々に彼を慰めた。

「そうだったんだ」

「さみしかったんだね」

「がんばってきたんだね」

「ぼくもおかあさん、いないんだよ」

みんなの声を背に受けながら、Ｅくんはおいおい泣き続けた。教官たちも、もらい泣きをしていた。

この日を境に、Ｅくんは劇的に変わった。それまで、自傷行為が絶えなかったのに、それがぴたりと止まったのだ。Ｅくんは、犯した罪の深さにおののき、自分には生きている価値がないと自殺未遂を繰り返してきた。そのたびに「懲罰」を受けて、独居房に隔離されてきた子だった。それが、おそらくはこの日、生まれてはじめて「母のいないさみしさ」を公の場で告白できたのだろう。それをみんなに受けとめてもらった経験が、彼の心を癒やしたに違いない。

翌月の授業にやってきたEくんは見違えた。背がぐんと高くなっている。丸まっていた背中がピンと伸びてきたからだ。最後の授業では、笑顔さえ浮かべ、みんなと対話ができるようになっていた。

Eくんには、後日談がある。半年間の社会性涵養プログラムが終了すると、わたしたち外部講師は、もう彼らに会うことはできない。しかし、Eくんとは一度だけ会う機会があった。テレビの取材が入り、Eくんがインタビューをされたのだ。

半年ぶりに見るEくんは、見違えるように明るくなっていた。背筋も伸びて、別人のようだ。彼は、胸を張ってこう語った。

「こんど、実習場で、副班長になったんです!」

みんなのお荷物だったEくんが副班長に! なんという成長ぶりだろう。それに続く彼の言葉に、わたしはびっくりして椅子から転げ落ちそうになった。

「このごろは、休み時間に、みんなの人生相談を聞いてあげているんです」

思わず噴きだしそうになった。もう大丈夫だ、彼は社会復帰できる、と確信した。深く苦しんだ人ほど、他人の苦しみを理解できる。だから彼は、人生相談のよき聞き手になることができたのだろう。過去は変えられない。けれども、いまをどう生きるかで、人は過去にあったことの意味を変えることができる。つまり「過去は変えられる」のだ。

そのとき、教室がゆっくりと揺れだした。乾井教官が「めまいがする」とつぶやいた。

「先生、めまいじゃありません。揺れてますよ」

窓の外に目をやると、運動場の端に植えられたポプラ並木の梢が揺れていた。大きく大きく、まるで水草のようにゆっくりと。東日本大震災だった。

受刑者たちも、やがて、刑務所内のテレビで地震の被害を知ることになった。繰り返し流される津波の映像を、彼らはどんな気持ちで見たのか。

地震の数週間後、教室で彼らに会うと、みな一様にショックを受けていた。

「刑務所にいて、なにもしてあげられないのがもどかしい」

「被災者はたいへんな暮らしをしているのに、ぼくらは三度三度ご飯を食べさせてもらっていて、申し訳ない」

そんなことを口々に話してくれた。「犯罪者は刑務所でのうのうと過ごしている」と世間には思われがちだが、そんなことはない。彼らなりに、大災害の犠牲者や被災者に思いを馳せ、心を痛めていたのだ。そんな彼らを見ていると「モンスター」なんかじゃないと、つくづく感じるのだった。

どんな言葉でも「詩になる」

すきな色

ぼくのすきな色は
青色です
つぎにすきな色は
赤色です

「好きな色を」と言ったら、Fくんが書いてきた単刀直入な詩だ。いくらなんでもここまでの剛速球を投げてくるとは、想定外だった。一体、どこを誉めればいいのか、わからない。教官もわたしたちも、頭を抱えた。

すると、受講生たちがさっと手を挙げたのだ。こんな作品に、一体なにを言うことがあるのだろう、と不思議に思いながら当てた。

「ぼくは、Fくんの好きな色を、一つだけじゃなくて、二つ聞けてよかったです」

息を飲んだ。思いやりに満ちた、こんなやさしい言葉があるだろうか。指導者側は、だれ一人思いつかなかった。もう一人を指すと「ぼくもです」と言う。

「ぼくもって?」

「Fくんの好きな色を、二つも教えてもらって、うれしかったです」

バージョン・アップしている。熱いものがこみあげてきた。

この詩を書いたのは、あの「土の塊くん」。ドサッと、そこに「いる」というより「ある」だけ。目は宙を泳ぎ、だれの言葉も彼の耳に届いているようには思えない。Fくんは、自分だけの透明なカプセルに閉じこもって、妄想(もうそう)の世界に遊んでいるように見えた。
そんなFくんに対して、受講生たちは、こんなにもやさしい言葉をかけてくれた。指導者側がだれ一人思い浮かばなかったやさしい言葉だ。また一人、手を挙げた。これ以上、一体なにを言うことがあるのだろう、といぶかしく思いながら指すと、彼は、心を込めてこう言ってくれた。

「ぼくは、Fくんは、青と赤が、ほんまに好きなんやなあ、と思いました」

完敗だ。こんなにまっすぐな言葉、逆立ちしても思いつけない。

当のFくんは、どうしているだろうかと、ふと目をやると、なんと、笑ったのだ。口の端がゆっくりとあがって、ふうっと微笑んだ。花がほころびるように微笑む、とはこのことか、と思うような、やわらかな笑顔だった。うれしくて、泣きそうになった。

教官も同じ思いだった。「おい、Fくん、いい顔してるなあ」と、乾井教官が、目を潤(うる)ませながら声をかけた。すると、Fくんは、はにかむような表情を浮かべ、頬(ほほ)をぽっと赤く染めた。かわいかった。たまらなくかわいかった。

彼はもう「土の塊くん」じゃなかった。自ら透明なカプセルを破って、この世界に飛びだしてきたのだ。この日から、Fくんはみんなと会話ができるようになった。

　えっ、これだけのことなの？　とわたしは思った。たったこれだけのこと？　人はそれで、一瞬にしてこんなにも変われるの？　自分の気持ちを表現すること。それをだれかに受けとめてもらうこと。人はそれだけでここまで癒やされ、人とつながれるのか。

　だとしたら、Fくんは、いままでどんな世界に住んでいたのだろう。一人用のカプセルに閉じこもって外界を遮断（しゃだん）しなければならないほど、過酷な世界に住んでいたのだろうか。きっと、たったこれだけの言葉さえかけてもらえない荒涼とした場所にいたのだろう。それを思うと、そのさみしさ、過酷さに、身震いする。外界を遮断する透明なカプセルは、自分を守るための「シェルター＝心の鎧」だったに違いない。

　その強固な鎧を、教室の仲間たちのやさしさが融（と）かしてくれた。「剥（む）きだしの心で外に出ても大丈夫だよ。ぼくたち、きみの仲間だよ」とFくんに伝えてくれたのだ。わたしたち指導者が、だれ一人としてできなかったことを、教室のみんながしてくれた。指導者の手柄ではなく、受講生たちによる「場の力・座の力」だと思った。

　このことは、わたしにもう一つ、根本的なことを教えてくれた。それは、だれかが「これは詩だ」と思って書いた言葉があり、それを「これは詩だな」と受けとめる人がいたら、その瞬間、どんな言葉でも「詩になる」ということだ。そして、それは書いた人の人生を変えるほどの力を持つことがあるのだ。

すぐれた詩作品があり、そんな詩にこそ価値があると思っていたわたしは、愚かな「詩のエリート主義者」だった。もちろん、世の中には、すぐれた詩作品がある。時を超え、国を超えて読み継がれるすばらしい詩もある。でも、それにしか価値がないわけではない。

言葉の本来の目的は、人と人をつなげることだ。言葉を介して、互いに理解しあい、心を受けとめあうことだ。どんなに稚拙なものでも、そのとき、その言葉が、その場にいる人々の心に届き、響きあうのであれば、言葉としての役割を充分に果たしていることになる。それこそが、言葉のいちばん重要な使命であり、大切なことなのだ。たとえその言葉に、普遍性のかけらもなかったとしても、少しも構わないのだ。だって、その言葉は、すでにこの地上で人と人をつなぎ、喜びを生みだしているのだから。言葉として、それほど誇らしいことがあるだろうか。

彼らは、たくさんの大切なことを、わたしに教えてくれた。彼らが変わっていくように、わたし自身も変わっていった。

いまのわたしが、こんなわたしなのは、彼らのお陰だ。わたしは、重い罪を犯した受刑者たちに、育ててもらった。ありがとう。固く閉ざされた心の扉が開かれたら、あふれてきたのはやさしさだった。生まれつきの悪者やサイコパスなんていないと、信じられるようになった。人間ってきっと、本来「いい生き物」なんだ。そう思わせてくれて、ほんとうにありがとう。

いちばん困っている人を助けると

詩の授業をして、目の前で彼らが一瞬にして変わっていくのを、何度目にしたことか。その様子に、驚き、心震わせたことか。「こんどのメンバーには、泣かされたりしないだろう」と思っていても、最後の回までには、必ず涙してしまう場面があった。

Gくんは、とびきり気が弱かった。ジャニーズに入れそうな美少年で背もすらりと高いのに、いつも身を縮め、乾井教官にしがみつかんばかりにしていた。仲間の詩の感想を述べるときでも、「間違ってないかなあ」「こんなこと言ってもいいですか」と小声で乾井教官に何度も確認する。「いいんだよ、きみの思ったように言ってごらん」とさんざん励まされて、やっと消えいるような小さな声で、自信なさげに一言二言話すだけ、という有様だ。強い虐待を受けてきた子だった。その彼が、こんな詩を書いてくれた。

夏の防波堤

夕方　紺色に光る海の中で
大きい魚が小魚を追いかけているところを
見ました
鰯(いわし)の群れが海の表面をパチパチと
音を立てて逃げていきました

情景だけをすっぱりと切り取った作品だ。俳句のように情景が鮮やかに目に浮かぶ。実によく観察して書かれている。みんなもそう感じたのだろう。こんな感想が語られた。

「家族で海水浴に行ったことを思いだしました」

「友だちと行った海、また行きたいなぁと思いました」

「きらきら光る海と、潮風を感じました」

それぞれの心のなかに、それぞれの海がきらめき、潮風まで吹いてきて、教室が潮の香りに満たされたような気がした。

Gくんにいくつか尋ねてみた。すると、ぽつりぽつりとだが、話してくれた。

「ぼくは人と話すのがすごく苦手なんです。だから、釣りをしているときだけがほっとできる。釣りだけが、ぼくの友だちです」

だからあんなにも、情景をきれいに切り取ることができたのだ。

この日以来、教室で魚や釣りの話になると、なるべく彼に話を振るように心がけた。すると、なんでも答えられる。やはり好きなことは、よく知っている。彼の返答に、教室のみんなも感心した。

やがて、冬がやってきた。とうとう六回目、最後の授業だ。試しに「ワカサギ釣り、やったことのある人、いるかな」と聞いてみると、思った通りGくんがそっと手を挙げた。

「Gくんだけなんだ。じゃあ、みんなにやり方を教えてあげてください」

「は、はい」

Gくんは頭のなかでその情景を思いだし、一生懸命話そうとしてくれた。

「えーと、湖に…凍った湖に行って、氷に穴を開けて、それから、えーと、こういう……」

空中に絵を描くようにして、なんとか言葉にしようと努力している。しばらくもがいた後、ふとその手を下ろし、わたしを見て、こう言った。

「先生、ぼく、口ではうまく説明できないので、前に図を描いてもいいですか」

衝撃的だった。乾井教官から少しも離れられなかったGくんが、自分から教室のホワイトボードに絵を描くと言いだしたのだ。

「もちろんですとも。どうぞ、どうぞ」

気の変わらないうちにと思ってそう促すと、Gくんは席からすっくと立ちあがり、スタスタとホワイトボードに歩み寄り、マーカーを手に取った。みんな息を詰めてGくんの後ろ姿を見つめた。すると、彼は考え考え、線を一本ずつ引いていった。一本の糸に、何本もの針が付いている図だった。そして、図を指して淀みなく説明すると、なにごともなかったかのように、さっと席に戻っていった。

みんな、目が点になり、声も出ない。だれもが、幻を見ているような気がしていた。

「よかった。よくわかったよ。ありがとう！」

乾井教官が、ねぎらいの声をかけると、みんなが、思いだしたように拍手をした。

このことがあった後、実習場の仲間たちは、Gくんを見てその変貌ぶりに驚いたという。

「G、変わったよね」

「社会性ナントカって教育、受けたんだって」

「へえ。おれも受けたいなあ」

「ダメだよ。きびしい選抜があるって聞いてるよ」

確かに、ベストテンに入らないと、この授業は受けられないのだが……。

授業が終了して半年後、このGくんも「副班長」に昇進した。わたしは、快哉を叫びたかった。人はきっかけひとつで、こんなにも変わり、成長するのだ。そもそもが、ゼロ以下のマイナスからの出発だから、彼らの伸びしろは途方もなく大きい。

こんなふうに「問題児」や「トラブルメーカー」が、社会性涵養プログラムを受けることで、見違えるように変わって実習場に戻っていくことが重なった。すると、刑務官たちの「社会性涵養プログラム」を見る目が変わってきた。最初のうちは「教育で甘やかしているのではないか」と快く思われていない節もあったらしいが、途中から「ちょっと困っている子がいるんですが、面倒をみてもらえませんか」と、推薦してくれるようになった。「プログラムを受けてから、実習場で問題を起こさなくなったので、叱ったり懲戒処分にする必要がなくなり、助かっている。実習場全体の雰囲気がよくなった」と評価されることもあったそうだ。やがて、効果は、はっきりと数字にも表われるようになった。受刑者の工場への「就業拒否」が、目に見えて減ってきたのだ。プログラム開始時は年間八十七件あったものが、二年後には五十六件にまで減少していた。

そうなのか、と改めて実感した。社会のなかで、いちばん困っている人、困難を抱えている人を支援するというのは、その人のためだけのことではないのだ。その人の困難が解消すれば、みんなが気持ちよく前向きに生きていける社会になっていく。追い詰められて犯罪に走る人も減る。被害者も減る。だから、障害者や老人、経済的弱者、虐待を受けて心に傷のある人など「弱者」への支援が大切なのだ。なんでも根性論に帰して「自己責任だ」と放置し、排除すればするだけ、弱者は追い詰められる。そのせいで、周囲に負の影響が生じて社会全体の困難が増す。当然、犯罪も増える。みんなが疑心暗鬼になるギスギスした世界になってしまう。「情けは他人のためならず」という言葉通り、支えあい助けあうことは、ほかでもない、巡り巡って自分自身のためになることなのだ。

心を癒やす「表現」の力

社会性涵養プログラムは、刑務所の「精鋭」たちのためのものだから、極端な子が集まってきていた。その方向性はさまざまで、バラエティに富んでいる。「夏の防波堤」のGくんのように異常に気の弱い子がいると思えば、逆に椅子にふんぞり返って無闇にえらそうにしている子もいた。意味不明の笑顔を浮かべてヘラヘラしている子、うつむいてまっ暗な顔をしている子、まったく無表情な土の塊くん、妙に姿勢のいいしっかりした子……。みんな心に傷があり、自分を守ろうとしていた。それが、さまざまな形になって表われている。彼らのあの極端さは、自分を守るために発明した独創的な「鎧」なのだ。そして、その鎧はたいがい出来がよくなくて、自分を守るよりも、さらなる窮地に追い込んでしまう代物だった。それも仕方ないと思う。周囲に助けてくれる大人もいないなか、幼い彼らが必死で考案し、身につけてきたものなのだから。

チックや吃音や場面緘黙などの症状を持つ子も多かった。身体症状も、きっとストレスの表われだ。

あるとき、体が小さくて細いHくんがやってきた。体全体が引きつるほどのひどいチック症状を呈している。見ていて、気の毒になった。しかも、絶え間なく貧乏揺すりをしている、彼の足は、カタカタカタカタカタと小刻みな音を教室に響かせていた。その彼の作品。

風

夏の毎朝のふく風が
気持ちい

脱字ではない、たぶん口語だ。深呼吸をして「あー、気持ち、い」とつぶやいたその声を、そのまま文字にしたのだろう。それは凝った技法などではなくて、ただ単に音を写したものに思われた。素朴な作品だが、共感の声が相次いだ。

「刑務所はクーラーないから、朝だけだよなあ、気持ちいいのは」

「ほんと、朝は気持ちがいい」

刑務所の煉瓦の壁は、夏には熱を溜めこみ、夜になっても赤外線を放射する。まるでオーブンの余熱のなかで暮らしているような有様だった。朝になって、ようやく煉瓦の熱も引き、夜明けの風が涼しさを運んでくる。ほっとする時間だ。だから、みんな、この詩に心底共感した。

こんなことを言ってくれた子もいた。

「刑務所に来てから、風が吹いたってだけで、しあわせを感じるようになりました。当たり前のことをしあわせだと思う気持ちを、ずっと忘れないでいたい」

全員が感想を述べおわり、「Hくん、みんなの感想を聞いてどうでしたか」と彼を見たとたん、わが目を疑った。あのひどいチックが、ピタッと止まっているのだ。こんなことがあるのだろうか。治療が困難と言われているチック症状が、いきなり目の前で止まるなんて……。

「自己表現」をすること、それを「受けとめてもらうこと」が、どんなに深く人を癒やすのか、それをはっきりと目に見える形で見せてもらった瞬間だった。

作者のHくんは、こんな感想を述べてくれた。

「みんなに共感してもらって、うれしかったです。こんな短いものしか書けなくて、なんていわれるだろうって心配していましたが、書いてよかった」

涙が出そうになった。短い詩しか書けなくて、どう評価されるか、バカにされないか、そんなことが心配で心配で、チックが出てしまったのだろうか。でも、教室のみんなは強く共感してくれた。それが、彼にはとてもうれしかったのだろう。そして、安心したのだろう。受講生たちが、彼のチックと貧乏揺すりを止めてくれたのだ。

この日、彼はもう教室で、チックも貧乏揺すりもしなかった。

その翌月の詩の授業。Hくんは、チックを再発していた。以前よりは多少軽くなってはいたものの、やはり痛々しい。彼が詩を発表できたらチックも収まるのに、と思ったのだが、残念なことに、彼の作品の発表の順番は、まだずっとあとだった。

ところが、また奇跡が起こった。仲間が詩を発表し、Hくんが感想を述べ終えたとたん、なんとチックも貧乏揺すりも、またピタッと止まったのだ。

そのとき、わたしは知った。「自己表現」とは、自分の詩を発表することだけではないのだと。だれかの詩に感想を述べることもまた「自己表現」なのだ。絵本を、声に出して読むことだって「自己表現」。さまざまな表現の形があるのだと。

共感だけが受けとめではない

「自己表現」＋「受けとめ」のセットが、最強の癒やしになることがわかった、だが、「共感だけが受けとめではない」と気づかされたのは、Iくんの詩がきっかけだった。タイトルを見たときには、思わず笑ってしまった。しかし、彼の朗読を聞いているうちに、胸が痛くなり涙がこぼれそうになった。

刑務所はいいところだ

刑務所は　いいところだ
屋根のあるところで　眠れる
三度三度　ごはんが食べられる
お風呂にまで　入れてもらえる
刑務所は　なんて　いいところなんだろう

刑務所がいいところだなんて、Ｉくんは、一体どんな暮らしをしてきたのだろう。

そういえば「宿題で詩を書いてきてくださいね」と言ったとき、「先生、シュクダイって、なんですか?」と尋ねてきたのが、この子だった。親から育児放棄され、小学校にも行っていなかったのだ。コンビニの廃棄弁当で、飢えをしのいでいたという、事実上のホームレス・チャイルドだ。万引きなどの「緊急避難的犯罪」を繰り返し、とうとう刑務所にまで来てしまった。明らかに、福祉の網の目からこぼれ落ちた子だ。彼が刑務所にいることを、彼だけの「自己責任」とは、とても言えないと思う。

クラスの仲間たちにも、それぞれにきびしい生育歴があった。それでも、この詩に心から賛同する子はいなかった。

「ぼくは、やっぱり家族といっしょに暮らしたいです」

「シャバで、ダチといっしょに遊んでいるほうが、楽しいです」

「外に出て仕事をして、早く一人前になりたいです」

「以前、医療少年院にいましたが、そちらの方がここよりずっと待遇がよかったです」

そんなことを言いだす子さえいたから、わたしはだんだん心配になってきた。Ｉくん、みんなに否定されたと思って、傷ついていやしないだろうか、と案じたのだ。

「Ｉくん、みんなの感想を聞いてどうでしたか」

不安に思いながら彼を見ると、意外にも満面の笑みを浮かべていた。

「はい。みんなに、いろいろ言ってもらえて、うれしかったです」

うれしかった……そうか、うれしかったんだ。人からろくに言葉もかけてもらえない人生だったのか……と、胸が痛む。さらに、彼がこう付け足したので、仰天した。

「いろんな感じ方、いろんな意見があるんだなあって思って、勉強になりました」

金子みすゞの「みんなちがって　みんないい」と同じことを、小学校にも行っていない

Iくんが、自分の頭で考えて言ってくれた。口先だけじゃないのは、その笑顔でわかる。なんて謙虚で広い心を持っているのだろうか。そんな子が、どうして重い罪を……。

このとき「共感だけが『受けとめ』ではない」と知った。違う意見でも、構わないのだ。相手を否定せず、きちんと自分の気持ちを述べれば、それはりっぱな「受けとめ」になる。人と人として対等に向きあうことこそが、大切なことなのだと、彼に教えられた。

世の教師たちはよく「子どもたちに教えられました」なんていう。白々しい、なにをいい人ぶっているんだ、と思っていた。けれど、ほんとうだった。子どもたちはすばらしい。その行動で、表情で、言葉で、わたしたちにさまざまなことを教えてくれる。どんな苦労があっても教師を続けたい、と願う人の気持ちが、少しわかった気がした。

にしても、この教室の子たちは、ことにすばらしいのではないか。そう思ったのには、理由があった。

わたしは、東京時代、大学で創作の実作講座の非常勤講師をしていたことがある。そのときはこんなふうにはいかなかった。作品批評のつもりで、相手の人格攻撃まではじめてしまう学生もいた。

「批評の言葉と、人格攻撃の言葉は、まったく違うものです」

そう教えるのに半年はかかった。「たとえ意見が違っても、正しい批評の言葉を持つことができれば、世界中の誰とでも対話できるようになりますよ」ということを、なんとか彼らに伝えようと四苦八苦してきた。

いまの日本、テレビ番組で、ハゲだデブだチビだ独身だと言って、人を「いじって」笑うことが当たり前になっている。明らかに差別なのに、みんな不思議だとも思わないらしい。そんな風潮に、学生たちも毒されているようだった。

しかし、刑務所は違ったのだ。どの子も、ひどい目にあって傷ついている。心のなかには、恨みつらみがヘドロのように詰まっていただろう。それなのに、だれ一人、その毒をあふれさせ、人に投げつけるようなことをする子はいなかった。

なぜだろう。最後まで謎だった。

もしかしたら、同じ境遇の仲間たちを思いやる心が自然に芽生えていたのか。それとも、そんなふうにやさしくて繊細な人々だからこそ、がさつな世間に耐えきれず、心が傷つき壊れて犯罪者になってしまったか……。

態度が悪いのはだれのせい？

この教室では、もう一つ、とても大事なことを受講生から学ばせてもらった。

いつもえらそうにふんぞり返っていたJくんだが、この教室ではだれからも注意されない。だから、彼はいつも思う存分ふんぞり返っていた。実は、Jくんもまた「言葉がなかなか出ない」子だった。父親からはげしい虐待を受け「口を開けば殴られる」という暮らしをしてきたためにトラウマになってしまい、話そうとしても、最初のひと言が発せられないのだ。Jくんは、喉に物でも詰まったかのように苦しんでいた。

つまり、あの「えらそうな態度」は、Jくんの鎧だったのだと、あとでわかった。「おれはえらいんだぞ、強いんだぞ、恐いんだぞ」と威嚇（いかく）することで、他者から話しかけられるのを防ごうとしていたのだ。Jくんがせっかく創意工夫して作った鎧だけれど、残念なことにこの鎧、少々出来が悪かった。威嚇して寄ってこない相手もいるが、かえって相手を刺激して面倒を起こしてしまうこともあったようだ。

「おい、おまえ、ガンつけたな。なにそんなにえらそうにしてるんだよ」

そんなふうに言われても、彼はひと言も返せない。「なんだよ。なんで黙ってるんだよ。バカにするな」と、かえってトラブルを引き起こす原因にもなっただろう。
そこまでしゃべれないJくんが、突然、こんな川柳(せんりゅう)を書いてきてくれた。

妻

面会で妻の小言にあんどする
物言えずうなずくだけの十五分

母

よく笑う母が心の救いです
母の日に一度はしたい肩たたき

「小言にあんどする」なんて、なかなか言えるものじゃない。実感がこもっている。これにはみんな驚いた。教官は、ほんとうに彼が書いたんだろうか、と疑ったくらいだ。でも、どこにも類似作はなく、それは確かにJくんのオリジナル作品だった。Jくんは、黙っているからといって、語彙も表現力もないわけではなかった。ただ、それをアウトプットできなかっただけなのだ。

「すごくわかります。小言とか言ってもらえるほうが、まだ見放されていないんだなあって、ほっとします」

「ぼくもJくんと同じです。面会の前は、こんど会えたらこんなことを話そう、あんなことも話そうと思っているのに、顔を見たとたん、なんにも言えなくなってしまいます」

「ぼくが事件を起こしてからというもの、おかあさんは笑わなくなってしまいました。でも、こないだの面会ではじめて笑ってくれた。あのときは、ほんとにうれしかったです」

受講生たちは、さまざまな感想を述べてくれた。共感の嵐だった。

「Jくん、みんなの感想を聞いて、どう思いますか……」

そういいながら、彼に目をやって、仰天した。両足を開いてふんぞり返っていた彼が、おとなしくちんまりと、両膝を揃えて座っているではないか。あまりの急な変化に、思わず笑いそうになったくらいだ。

あれほど発語に苦労していた彼だったが、この日を境に、だんだんスムーズに言葉が出るようになった。そして、二度と「おれさまポーズ」を取ることがなかった。

Jくんを見て、わたしはやっと気づかせてもらった。態度が悪い子がいたとしたら、それは相手が悪いのではなくて、こちらがその子を充分に受けとめきれていないという印なのだと。しっかり受けとめてもらったと感じたら、人は自然とお行儀よくしたくなる。受けとめてもらったという実感がないから、ふてぶてしい表情をしたり、「おれさまポーズ」を取ってきただけなのだ。それもまた、彼らの不器用な表現の一つなのだ。

最後の授業の日、Jくんは机から身を乗りだすようにして、じっとわたしを見つめてくれた。「ひと言も聞き漏らすまい」という意気込みだ。詩の授業では、一回目はだれとも目が合わないが、最終回の六回目になると、みんなと目が合うようになる。

授業が終わると、わざわざわたしのところまで来て「先生、ぼく、ずっと先生の授業を受けたかったです」と言ってくれた。涙がこぼれそうになった。わたしも同じ気持ちだった。Ｊくんが出所するまで、ずっと詩の授業を続けてあげたい。

しかし、それは叶わぬ夢だった。乾井教官にこう言われた。

「気持ちはよくわかります。でも、一人でも多くの受刑者に、この教室を体験させてあげたい。彼らはここで力を付け、きっと自分で道を切り開いていってくれるでしょう。あの子たちを信じてやってください」

せめて、終了生を受け容れることのできる「詩のクラブ」を作らせてほしいと願いでたが、それも実現しなかった。クラブ活動を行なうためには、刑務所の教官や刑務官が立ち会わなければならない。忙しい刑務所は、そこに人員を割く余裕がなかった。残念だった。いままでにないスタイルの「文芸部」を立ちあげることができたはずなのに。

Ｊくんは、その後も実感のこもった川柳をいくつも書いてきてくれた。彼の心のなかには、言いたくて言えなかったことが、山のように積もっていたのだろう。吐きだすほどにすなおになり、かわいくなっていったＪくん。なかなか出なかった言葉も、スムーズに出るようになっていった。

「書くことがない」という子

授業をしていて、困ったと思う場面はほとんどなかったが、一つだけ、難儀したことがあった。詩の授業をはじめようとするとき、乾井教官がみんなの気持ちを和(やわ)らげようとして、こんなことを言ってしまったのだ。

「なにを書いてもいいんだぞ。なにも書くことがなかったら、書くことがないって書いてもいいんだからな」

瞬間「まずいぞ」と思った。悪い予感はまんまと的中、次の授業の作品は「書くことがない」のオンパレードだった。顔だけは笑顔で、なんとか授業をこなした。

次の授業では、さすがにみんな、さまざまな作品を書いてきてくれた。ところがKくんだけが「詩が思いつかない　まさかのパート2」を書いてきた。ふざけているのか、と思ってムッとしたが、顔には出さない。当の乾井教官は「Kくんのおかげで、みんなほぐれて、書きやすくなりました。ありがとうなぁ」などと呑気(のんき)なことを言っている。

そして詩の授業の三回目。彼は突然、こんな作品を書いてきてくれたのだ。

涙

仕事一本
ガンコな父
名前で呼ばれたことも
なかったから
必要以上
会話すらない
そんな関係である
ある警察官は
僕の父に質問をしました
「子どもを
漢字一文字でたとえると
なんですか？」

まっ白な紙に
大きく
大きく
書かれた文字は
「宝」でした
そのとき　ぼくは
おさえられない
なにかを感じました
数秒後には
キレイな
涙が流れていました

一読して、涙がこぼれた。ああ、Ｋくんの心の扉が、やっと開いた。そうしたら、こんな宝石のような思い出が転がりだしてきた。彼を信用して、笑顔で待ち続けた乾井教官の粘り強さと寛容さに脱帽せざるを得ない。

それにしても、Ｋくんはなぜ二度までも「詩が思いつかない」と書いてきたのだろうか。心の内を見せるのが怖かったのか。心を見せても大丈夫だと確信できるまで、発表できなかったのか。

とも思ったが、ほんとうに書くことがないと思っていたという可能性もある。いや、きっとそうだったのだろう。人間、つらいことがありすぎると、自ら心の扉を閉ざしてしまう。すると、自分が何を感じているのか、わからなくなってしまう。詩を書こうと思っても、彼は自分自身ですら、自分の心のなかに入っていくことができなかったのかもしれない。だから、いくら考えても、詩を思いつかなかった。

それが、教室で、互いに思いやりのある言葉をかけあう仲間たちを見ていて、やっと、心の扉を開くことができたに違いない。錆びついて閉じていた扉がじりじりと開くと、なかから、彼自身でもびっくりするような宝物のような思い出が転がりだしてきた。それがこの詩の思い出だろう。

この詩をきっかけに、みんながさまざまな思い出を語ってくれた。最後に「Ｋくん、みんなの感想を聞いて、どう思いましたか？」と聞くと、意外な言葉が返ってきた。

「実は、このとき母もいたんです。母も警察官に同じように聞かれました。それで書いた文字が『子』でした」

子……。子どものへの生き生きとした感情が感じられない、あまりにもストレートな文字だった。

「母がそうなので、父もそれ以上のなにかを書いてくれるとは思いませんでした。だから、『宝』って字を見たときは、ほんとうにおどろきました」

一撃を食らった気分だった。そこには母親もいたのだ。きっと、その母親も、なにがしかの心の問題を抱えていたのだろう。だから、子どもの名さえ呼ばないような夫であっても、コミュニケーションを取ろうとしなかったのかもしれない。いや、取れなかったのかもしれない。無口で頑固な父親だけが問題かと思ったが、それだけではない背景があったことが推察された。

そんな家庭で育った彼が、豊かな情緒を育てるのは困難だっただろう。幼いころからそんな状態であれば、それが彼にとっては当たり前の世界で、さみしさをさみしさとも自覚しなかったかもしれない。温かさに触れてはじめて、人は自分が氷のような世界に住んでいたと気づく。

でも、そこはほんとうは氷のような世界ではなかった。父親は、子を宝と思うような人だった。けれども、ひどく不器用で表現力もなく、それを伝える術（すべ）を持っていなかった。それを思うと、切なくなる。

家庭は密室だ。何が起きているのかわからない。家庭のなかの常識は、世の中の非常識であることもある。家庭に他者が出入りして風通しがよくなり、子どもがいろいろな大人に触れ、さまざまな価値観に触れる機会を持てたら、こんな困難も緩和されるだろう。ひと昔前のように、もっと開かれた、人が気軽に行き来できるような社会になれば、と思う。

困難を抱えた子どもたち

発達障害を抱えた子

通り魔や残忍な殺人事件などの大きな事件で、容疑者に精神障害があったと報道されることがある。実際、刑務所には精神障害を抱えた人も来ている。それは、教室でも肌で感じた。軽い知的障害や、いわゆる「発達障害」と思われる子もいた。

しかし、彼らは「生まれつきの犯罪予備軍」ではない。不幸にも適切な支援を受けられなかったことにより追い詰められ、犯罪に至ってしまった例がほとんどなのだ。

おとなしくて、不器用で、教室でも遠慮がちに小さくなっているLくんも、そんな一人だった。彼は、こんな詩を書いてきてくれた。

ひとつのこと

ひとつのことでも
なかなか思うようにいかないから
ぼくは
ひとつのことを
一生けんめいやっています

なんて健気（けなげ）なんだろう、と胸を打たれた。

けれど、そんな健気さは、世間にはなかなか理解されない。Lくんがこの詩を書いてくるまでは、教室のみんなにも、わからなかったくらいだ。

親もどうしていいかわからないことが多い。そのため、ちょっとした行き違いの積み重ねが累積（るいせき）し、いつしか越えがたい溝になって、困難をさらに大きくしてしまう。

想いと行動

認められたい　と想っている
成長したい　と想っている
でも……行動……できない
でも……意識……できない
普通の人なら　できるらしい
僕にはできないから　みんなに言われる
「口だけや」
「嘘つき」
この想いは　口だけじゃない
この想いは　嘘じゃない
どうすれば　伝わるだろう
どうすれば　理解してもらえるだろう

この　熱くて強い想い
行動のついていかない　悔しさともどかしさ
理解してもらえるよう　伝えてみよう
そして　行動できるよう　努力を伝えていこう

目が見えないとか、歩けないとか、体に障害があれば、ひと目で障害者だとわかる。しかし、心の働きに関する障害は目に見えにくい。だから、理解されにくい。ひどく忘れ物が多くて注意散漫な子や、じっとしていられない多動の子は、世間から「親のしつけが悪い」と後ろ指さされる。親は恥ずかしい思いをして、子どもにいらだち、繰り返し叱る。叱っても叱っても改善されないので、なお強く叱る。「この子のため」「人並みになってほしい」と「愛情」のつもりでしつけるのだが、ときにそれが行きすぎることもある。

一線を越えると、それは「虐待」になってしまう。子どもは、さぼっているわけでも、わざと反抗しているわけでもなく、本人なりにがんばっているのだ。しかし、発達障害ゆえに問題をクリアできない。それなのに「みんなにできることが、あなたにはどうしてできないの」と言われ続け、できない自分が情けなくなり、自己肯定感がどんどん低くなる。それは確実に「生きにくさ」につながってしまう。

自己肯定感の低さは、やがてはげしい自己否定になることがある。「どうせおれなんか」「がんばっても無駄だ」「自分は価値のない人間だ」……そんな否定的な思いで頭のなかがいっぱいになってしまうのだ。

やけくそになり、「負の力」がマグマのように溜まって抑えきれなくなったとき、問題行動として爆発する。力が内側に向けば、引きこもりや自傷になり、外に向かうと、家庭内暴力や非行になる。根は一つなのだ。

自分に価値を認められない人間は、他者の価値も認められない。だから、人を傷つけたり、殺めたりすることもできてしまう。人の命の重さやそれぞれの人生の尊さを実感していたら、強盗殺人やレイプなど、できるはずがない。

つまり、「発達障害だから犯罪者になる」のではなくて、困難を抱えているのに、適切な支援を受けられなかったため、心が傷ついて、犯罪にまで追い込まれてしまうのだ。

発達障害は病気ではないから「治す」ことはできない。障害というより、むしろ「発達凸凹（でこぼこ）」、つまりその子の強い個性であると考えたほうがいい。では、どうするか。

近眼なら眼鏡をかける。足が悪ければ車椅子を使う。それと同じように、困難を解消する対処方法を考え、実践できれば、きっと道が開けるはずだ。それだけで、本人も周囲も、ぐんと楽になる方法があるだろう。音に対して過敏すぎるために落ち着きのなかった子が、イヤーマフを装着しただけで、落ちついた例もあった。

「問題のありかを知り、適切な支援をする」ことが、何よりもの処方だ。しかし、家族だけではどうにもならないことも多い。専門家の知識も必要だ。特別支援学校の先生や病院に相談することも大切だ。「うちの子は障害児じゃないから」と、親が問題を認めたがらないケースもあるが、それがさらに子どもを追い詰めて人生を困難にしてしまう。いくら叱っても逆効果だということを理解し、よりよい支援の方法を見つけだしてほしい。

とはいえ、教室で彼らに会っていても、わたしたちも、なかなかその本心に気づかないことも多かった。まるで人を拒絶するかのような態度で、言葉もあまりないMくんが、ある日、こんな詩を書いてきたので、びっくりした。

うれしかったこと

ぼくがいままでに　一番うれしかったことは

友だちがいたことです

読んでいて、涙が出てしまった。ごめん、知らなかった。Mくんも、ほんとうは友だちがほしかったんだね。全然気がつかなかった。人が嫌いなんだと思ってた。そんなMくんにも「友だち」と思える人がいたことがあって、それが人生で「一番うれしかったこと」だったんだ。その友だちに心から「ありがとう」と言いたくなった。詩が、彼の心をわたしたちに知らせてくれた。心の回路を開くことができれば、不器用な人だって人とつながることができる。彼が「友だちがほしい」と望んでいることを、教室のみんなは、この詩で知ることになった。そこから交流の道も開かれていった。

「『自立』の反対語は『依存』ではなく『孤立』です」と、京都府木津川市の障害者支援施設「いづみ福祉会」の須川浩一さんは言う。この施設では犯罪を犯した障害者の支援もしているのだが、対処が適切なら、累犯者(るいはんしゃ)でも犯罪が止まるケースがあるという。

「その人の困難を見極め、適切な支援ができれば、本人も周囲も楽になります。そうすれば、もう犯罪をする必要がなくなるんです。

うちには、人生で何十回と刑務所に入り、トータルで刑務所暮らしのほうが長かったというような八十歳を超えたお年寄りもいます。そんな方でも、人間的な交流を重ね、生活支援を整えてあげることで、問題行動が消えた方がいました。生活保護で貧困問題を解消しただけで、よくなった人もいます。対処次第なんです」

発達障害に対して、社会が適切な支援をすることができれば、犯罪は確実に減るはずだ。

はじめて感じた「殺される側の恐怖」

Nくんは本が好きで、中学時代からニーチェを読んでいたという早熟な子だった。しかし、彼には発達障害があり、他者への共感力が低かった。そんなNくんが、ある日、こんな詩を書いてきてくれた。

恥曝し(はじさら)の末路

ぼくは風船人間
今現在　気体を注入されて　膨(ふく)らんでいます
けれども　その気体は水素なんて　立派なものではなく
憂鬱(ゆううつ)　倦怠(けんたい)　厭世感(えんせいかん)　るさんちまん　といった
有害物質を数多く含んだものです
注入が終われば　やがて空へと飛んでいき
黒い烏(からす)の　嘴(くちばし)　かなにかで突っつき破られるでしょう

風船人間が始末に負えないのは
破られた後も周囲の空気を汚染し続けて
その存在がなかなか失われないところにあります

圧倒された。なんとさみしい心の風景だろうか。Nくんに注入される「気体」は「期待」の掛詞だろうか。彼は自分自身のことを放射性物質のように有害な存在だと思っている。痛ましすぎる。

この詩は、教室の仲間たちにはちょっとむずかしかったようだ。だから「感想を」と振っても、「ぼく、風船なら大好きです」とか、「お祭りで買ってもらった風船が、つぎの朝しぼんでいて悲しかったです」といった言葉しか出てこなかった。

わたしは心配になってしまった。Nくんは、がっかりしているのではないか、だれも自分のことを受けとめてくれなかったと感じているのではないか、と思ったからだ。

ところがある日、乾井教官が、頬を紅潮させて「寮先生、あのNくんに変化があったんですよ」と教えてくれた。「ノートに『ありきたりのサスペンスドラマの殺人シーンを見ていたとき、殺される側の恐怖を感じて苦しくなった。いままでになかったことである』って書いてきてくれたんです」。それを聞いて、わたしはほっと胸を撫でおろした。

Nくんの詩を理解して受けとめられる仲間はいなかった。それでも彼のなかに、確実に情緒が育っていたようだ。教室で、みんなが互いにやさしい言葉をかけあうのを見ているうちに、共感する力がついたのだろう。それは、まさに「場の力・座の力」だ。指導者との一対一では実現できないことを、教室の仲間たちがしてくれたのだ。感謝しかない。

繊細すぎる心

もう一人、印象深かったのがOくんだ。彼は、教室でほとんどしゃべらなかった。「場面緘黙症」という障害を抱えていたのだ。家庭など安心できる場所では声が出ても、緊張を強いられる学校などに行くと、とたんに声が出なくなってしまう。

Oくんは、人になじまず、いつも不安そうな顔をしていた。みんなで絵本の朗読劇をして盛りあがっているときにも、彼一人、朗読を拒否して、教室の隅で膝を抱えてうつむいていた。

宿題の詩も提出せず、回が進んでも改善される様子がない。このまま、この子は二枚貝のようにピタッと心を閉ざしたまま終わってしまうのだろうかと、心配だった。

ところが、最後の授業で、Oくんは一編の詩を提出してくれた。

孤独な背中と気怠(けだる)さと

気怠く笑う耳が千切れそうなほど笑い声が鳴り響いて
強く胸を締めつけるからだれにもわかんないように耳をふさいで
独りあるく夕暮れの空　目の前には笑いつかれた少女が独り
ボクは今　孤独な背中と夢の中　気怠さと笑い声のオンパレード
ボクは今　孤独な背中と夢の中　真っ白な空の下　時が止むのを待っている
ボクは今　孤独な背中と気怠さの中　無音無色の世界が見えた
ボクは今　孤独な背中と気怠さの中　無感情な少女が独りいた
目が覚めたボクは真っ白な部屋の中　小さな窓とベッドといすが一つずつ
自分以外だれ一人いない小さくて白い部屋
窓から見えるキズだらけの空
地面に叩きつけられた雨音に胸を締めつけられ
だれにもわからないように窮屈(きゅうくつ)そうに声を出した　その声に少しぞっとする

冷めた表情　伏し目のまま　笑いつかれた少女が　キズだらけの空を見た
泣き顔　小さな目　丸まった背中の少女が　仏頂面な空を見た
ボクは今　孤独な背中と夢の中　気怠さと泣き声のオンパレード
ボクは今　孤独な背中と夢の中　仏頂面な空の下　雨が止むのを待っている
ボクは今　孤独な少女と夢の中　無音無色の世界を見た
ボクは今　孤独な少女と夢の中　窮屈そうな声を見た
冷めた声　伏し目の少女は両手を広げてとび立った
ボクはそれを見送ったあと　目を閉じた

やるせない心の痛みと深い孤独感が、音楽を感じさせる詩的な言葉に結晶している。心を鷲づかみにされた。教室のみんなにも、その深い痛みが伝わった。論理ではなく、感覚そのものとしてダイレクトに響いたのだ。わたしも、思わず自分の立場を忘れて「すごいね。すばらしい」と言わずにはいられなかった。

みんなの感想を聞いて、Oくんがやっと重い口を開いてくれた。

「書いてよかった。いままで、何でもやりきれなくて、やりたい事もなかったけれど、一つ『やりたいこと』ができました。それは、詩を書き続けることです」

はじめて聞かせてくれた肉声に、涙が出るくらい、うれしかった。

わたしはこの詩を、ぜひ塀の外の人々に読んでもらいたいと思った。とりわけ、詩人たちに。授業が終わって机を片づけているときに、わたしは彼のそばにより、語りかけた。

「ねえ、この詩、みんなに読んでもらいたいんだ。友だちが詩の雑誌を作っているんだけれど、そこに載せさせてもらってもいい？」

「……はい」

「作者の名前、本名でもいい？」

「……はい」

すると、乾井教官があわててやってきた。

「寮先生、ちょっと待ってください。それは困ります。手続きを経ないと作品を外に出すことはできません。正式に書類を書いてください。本名開示は本人がよくてもダメです」

正式な手続きを経て、彼の詩はわたしの友人の主宰する詩誌「紫陽（しよう）」二十三号に掲載された。反響は大きかった。みな、この詩に、ひどく傷ついた痛々しい心を感じていた。それをこのような言葉で表現できることに感嘆の声があがった。

教室は終了してしまったので、わたしはもうOくんに会うことができなかった。詩誌を直接手渡すこともできない。結局、郵送という形で彼に渡した。

すると、Oくんから返事が来たのだ。小さな小さな縮こまった文字で、感謝の言葉が述べてあった。「こんなことなら、授業のときにもっと寮先生と話せばよかった」と。

それから、彼との文通が始まった。文通の頻度はそれほどでもなく、思いだしたようにぽつりぽつりと手紙が来た。あとで知ったのだが、刑務所のなかでは、手紙の本数が制限されている。Oくんは、決められた本数の手紙の一通を、家族ではなく、わたし宛にくれたのだ。手紙の隅には、いつも検閲済みの小さなハンコが押されていた。

二十六歳の誕生日を迎える直前、彼は別の刑務所に移送された。奈良少年刑務所は、十七歳から二十五歳までの受刑者しか収容しないからだ。人見知りの彼が、大人ばかりの刑務所でうまくやっていけるのか、心配でならなかった。

けれど、Oくんからの手紙は、そんな心配を払拭(ふっしょく)してくれた。一通ごとに、明るく楽しげになっていくのだ。小さく小さく縮こまっていた文字も、のびのびと大きな文字に変わっていった。夏の盆踊り大会のことが書かれた手紙も来た。

「更生保護女性会のおばさんたちが来て、手作りのお菓子をふるまってもらい、生まれてはじめて、浴衣(ゆかた)を着せてもらいました。楽しかったです」

人と交わり、少しずつ傷が癒やされていく彼の姿が、目に浮かぶようだった。

やがて、彼は出所した。しばらくは手紙も来ていたし、そこには新作の詩も書かれていた。が、それも間遠になり、いつしか途絶えてしまった。どうしているのだろうか。便りのないのはいい便り、であってほしい。

性同一性障害の子

百八十六人を見た詩の授業のなかで、自分の性別に違和感を抱いていそうな子が二人いた。Pくんは、見ただけでそうとわかった。みんなと同じように丸刈りで若草色の制服を着ているのに、なぜか彼には「女の子」を感じてしまう。不思議だった。男ばかりの共同生活で、本人も苦しいだろうが、周囲も戸惑(とまど)っていた。

絵本の朗読劇の二回目『どんぐりたいかい』のときのことだ。役の一つに「美人ちゃん」がある。リボンを付けたドングリの絵札を首からかけて「ちがうわ　ちがうわ。かわいさで　きめるのよ。いちばん　かわいいのは　この　わたしよ！」と主張する役だ。配役を決めるとき、みんなが、Pくんに「これやれよ」と薦めた。ハラハラしながら見ていると、Pくんは「うん」とすなおに頷いて、「美人ちゃん」の札を首からかけた。ほかの子がこの役をすると、わざとらしく演じてみんなを笑わせていたが、Pくんは違った。とてもナチュラルなのだ。それなのに、紛れもなく「女の子」の台詞になっていた。

それからというもの、教室に流れていた気まずい空気が消えた。Pくんは「女の子」なのだ、女の子としてみんなで大切にしてあげればいい。そんな共通認識ができて、みんなの心も落ちついたようだった。

もう一人、そんな子がいた。Qくんは、体が小さくて気が弱そうな子だったが、外見や言葉からは、まったくわからなかった。

お姫さま

ピンクが世界一かわいい色だってコト
生まれたときから　知ってたよ
「お姫さまみたいだね」って
子どものとき　しょっちゅう言われてたよ
それって　やっぱり
前世も
その前も
わたしたちは「お姫さま」だったっていう　証だよね

よく書いてくれたと思う。それだけ、Qくんが教室のみんなを信頼していたからだろう。

Qくんは、次の授業にも、こんな詩を書いてきてくれた。

かわいい黒はもっと好き

「わんこ」とか「にゃんこ」とか
動物はみんな　完璧にかわいい姿で生まれてくるから　洋服は必要ない
人間は「かわいい服」を着てこそ「かわいい私」になれる
でも
それが　すごく楽しくて幸せなんだ
今年の春は　なんだか
いつもよりかわいい私になれちゃう気がするんだ
桜前線よりも早く　毎日着たい
「かわいい黒」のお洋服を捜しにいこう

このときも、だれ一人として、彼をからかう子も、揶揄（やゆ）したりバカにする子もいなかった。みんなが自然に受けとめてくれた。そのことに、わたしは感動した。

なぜ彼らは、こんなふうにさりげなく受けとめられるのだろうか。世間の「普通」からはみだして刑務所へ来てしまった子たちだから、同じような境遇の友に寛容なのか。心が狭いのは「普通」を求める世間の人の方なのかもしれない。

「ほんとうの自分」を表現できることは、大切なことだ。それだけで癒やされる。「性同一性障害」はひとつの個性だ。周囲の理解次第で、困難は確実に減らせる。彼らを見ていて、それを深く実感した。

しっかり者ほどむずかしい

このような子たちとは正反対の、一見「弱者」には見えないしっかりした子が、社会性涵養プログラムの教室にやってくることもあった。背筋が伸び、姿勢は正しく、はきはきと話し、礼儀正しい。見かけだけは、どこへ出しても恥ずかしくない好青年だ。

こんな子がなぜここに？　と思わずにいられなかった。

これは、そんなタイプのRくんの詩。

今こそ出発点

人生とは毎日が訓練である
自分自身の訓練の場である
失敗もできる訓練の場である
生きていることを喜ぶ訓練の場である

今この幸せを喜ぶこともなく
いつどこで幸せになれるか
この喜びをもとに全力で進めていく

自分自身の将来は
今この瞬間ここにある
今ここで頑張らずに

いつ頑張る

うっかり「いい心がけです、百点満点ですね」と高く評価してしまいそうだが、それは違う。このタイプの子の多くは、親から「男らしさ」を過剰に求められ、それに応えるために男らしさの鎧を身につけていることが多い。鎧は強固で、やわらかで傷つきやすい自分の心を語れない。少しでも弱音を吐けば、「負け」で「恥」だと思っているからだ。だから、こんな詩を誉めれば、Rくんの鎧をさらに強化することになってしまう。

こんな子ほどむずかしい。変化がなかなか訪れない。「かくあるべし」という規範意識に雁字搦め（がんじがら）めになっているからだ。「生きていることを喜ぶ」ことさえ「訓練」である日常なんて、まるで毎日が軍事教練だ。本人も苦しいに違いない。

そんな子の姿勢がゆるんできて、うっかりあくびが出たり、居眠りをしたりするようになると、しめたものだ。教官たちは、授業の反省会で「よかった、よかった」と喜びあう。そこから、確実に変化がはじまるからだ。

同じように、妙にしっかりしているSくんという子がいた。この子も「男の鑑（かがみ）」のような詩を書いてくる子で、なかなか変化が見られなかった。いつでも背筋がピシッと伸びて、窮屈そうだった。ところが、最後の授業で、いきなり、こんな作品を書いてきてくれた。

お金

ぼくはお金がすべてだと思っている
父は　借金を苦に自ら命を絶った
母が笑顔じゃないのも　泣いているのも　怒っているのも
お金がないせいだと思っていた

お金があれば　笑っていられる　お腹いっぱいになれる
人並みの生活ができる　母が笑っていてくれる……幸せになれる
そう信じていた　信じてここまで生きてきた

中学生のあいだは　幼い兄弟のため母のため　昼夜を問わず働き続けた
初給料を持って帰ると　母に「少ない」と言われ
そのお金で男と出かけ　一週間　帰ってこなかった
そのときは　もっと稼がなければと思っていた　必死だった
母に笑っていてほしかった
その後ぼくは　三人の子を持つ人といっしょに暮らし始めた
ぼくは　昔の生活が嫌で　怖くて　戻りたくなくて
お金になることは　何でもした
贅沢の限りを尽くした　昔の傷を癒やすかのように……
お金があれば　幸せだと思っていた
そして　ぼくは逮捕された　長い懲役（ちょうえき）に行くことになって
初めての家族は　何も言わずにぼくの前から消えた
そして母は　何も言わず自ら命を絶った　多額の借金だけを残して

お金はそれなりに残っている
でも……ぼくの欲しいものは何もない
笑っていてほしかった人　初めての家族　居場所　なんにもない
もう　どうすればいいのか　わからない
ただ幸せになりたかっただけなのに……
ぼくは認めない　お金だけがすべてじゃないなんて
でなければ　ぼくは何を信じて生きてきた？

すべてを失ったぼくに残ったお金は　とてつもなく嫌なものに見えて仕方ない

この作品を読んでやっとわかった。Sくんが、なぜあんなにしゃっきりしていたのかが。彼は、幼い頃から「子ども」でいることを許されなかったのだ。
この詩には、さすがにみんなもショックを受けて、慰める言葉も見つからなかった。ひたすら「よく話してくれました」「話してくれてありがとう」と語りかけるばかりだ。教官も「ありがとう。きみがそれだけ、この教室のみんなを信用して話してもいいって思ってくれたから、書いてくれたんやな。先生、うれしいわ」と涙ぐんでいた。

「いままで、だれにも話してこなかったんですが、ここで言わなかったら、一生言えないだろうと思ったので、書きました」

Sくんがそう言ってくれたので、胸がいっぱいになった。

「いい子」の落とし穴

発達障害や知的障害とは対極にある、能力が高い子が、刑務所に来てしまっている例もあった。そんな子の親は社会的地位も高く、経済的にも恵まれていることが多い。彼らは、ある時期まで、親の期待に応えて成績もよく、礼儀正しく、すくすくと育ってきた理想の「いい子」であることが多い。

ところが、思春期に入ると、急に引きこもりになったり、荒れて家庭内暴力や非行に走りだす。挙げ句、刑務所にまで来てしまった子の作品。

言葉

「いいんだよ」
「がんばったね」
「よくやった」
この言葉が　ほしい
この言葉が　ボクを幸せにする

「お前はアカン」
「でき悪い」
「お前はいらない」
この言葉は　いらない
この言葉は　ボクを不幸にする

嫌な言葉を言われると　自信をなくし
自分自身が嫌になる
好きな言葉を言われたくて　行動し
ボクは　ボクを見失う

一つ一つの言葉が　ボクを造る
一つ一つの言葉が　ボクを壊す

「好きな言葉を言われたくて　行動し　ボクは　ボクを見失う」という一節は強烈だ。「叱るより、誉めて伸ばす教育を」と言われるが、親の期待に応えようとして背伸びし続けるのは、親から否定されるのと同じくらい、しんどいことだったのかもしれない。「期待に応えられなかったら、嫌われる」という強迫観念に追い立てられ、一度でも目標を達成できないと、すっかり自信を失うことになる。

竹下教官は、この心のメカニズムについて、こう話してくれた。

「目標を達成して得られるものは『条件付き自信』です。『これができたおれに価値がある』という自信。しかし、これはとても脆い。いったん失敗するとあっけなく崩れてしまいます。成績優秀な子がいい高校に入ったとたん、一番が取れなくなった。それだけで自信を失って、引きこもりになったり荒れたりするというケースもあります。がんばって成功してきた中小企業の社長が、借財を背負ったとたんあっけなく自殺してしまう、というのも、条件付き自信の脆さの表われかもしれません。

これとは別に『根源的自信』というものがあります。存在しているだけで、世界から肯定されているように感じるおおらかな心です。これは、親から愛され、無条件に肯定されることによって育てられるものなんです。『あなたが生まれてきてくれてうれしい』『おかあさんもおとうさんも、あなたが大好き』、そんな気持ちがきちんと伝わっている子は、自分自身の存在を肯定できるようになります。そんな子は、困難に遭遇してもくじけないし、失敗しても立ち直れるしぶとさを持つことができるんです」

『根源的自信』を持てなかったというのは、取り返しがつかないことなのだろうか。

「その子に寄り添って、心の支えとなる添え木になる。それはだれにだってできるはずです。支えられているうちに、しっかりと根を張り、自立できるようになっていくんです」

「社会性涵養プログラム」は、まさにその添え木となり、芽吹きを助ける授業だった。教室のみんなが、互いに互いを肯定しあい、支えあっていく場として機能していたからこそ、うまくいったのだと思う。

虐待を受けた子

誓い

幼い頃　ぼくは心に誓った
母さんを守ろうと
いろんな人たちから
とくに父さんから

小さなぼくは　父さんに向かっていった
その攻撃の矛先(ほこさき)を　ぼくに向けたくて
けれども　どうすることもできず
殴られる母さんの体の下　ぼくは泣いた

なにもできない自分が悔しくて

母さんは　殴られても殴られても　じっと耐え
涙もみせず　やさしい声で　ぼくに言った
「だいじょうぶ　すぐに恐くなくなるからね」

いつか強くなって　ぼくが母さんを守るんだ
って思ったのに　ごめん　遅すぎたね
母さんは　天国へ逝ってしまった

やっと　強くなれたよ
だから　この力で守っていくよ
これからは　ぼくの大切な人たちを

本人が殴られなかったとしても、家庭内暴力を目撃させられれば、それも虐待だ。次の詩はいつもニコニコ笑っているTくんが、書いてくれたもの。こんな思いをしてきたということは、この詩を読むまで、わからなかった。

父と母から教わったこと

「あんたなんか産むんじゃなかった」という　母の言葉
ぼくを湖に突き落として殺そうとした　父の行動
小さい頃から　ぼくは

「生きていてはいけない人間」だと　教えられました
入水（じゅすい）　首つり　薬の大量服薬……
病院のベッドで　母からかけられる言葉は
「まだ生きてたん？　死ねばよかったのに」でした

大人は　誰も助けてくれなかった
僕には　生きる意味も価値もありません

いまでも　考えは変わっていません
ぼくは　必要のない人間です
ただ　生きていくだけです
これからも　ずっと

乾井教官は開口一番、「書いてくれて、ありがとう」と言い、あとは言葉にならない。

「ぼくも、親から同じことを言われました。『あんたら兄弟なんか、産むんじゃなかった』って。でも、民生委員のおばさんが来て、『あんたのことを必要とする人もきっといるから、そう思って生きていきなさいね』って、言ってくれました」

仲間から、そんな感想を聞いたTくんは、次の授業でこんな詩を書いてきた。

最近思うこと

僕は　誰からも必要とされていない人間だから
自分から死のうとしたり　家族や彼女に殺されそうになっても
何も言ったりせずに　受け容れていることが多かった
でも　最近は
こんな僕でも　必要としてくれている人がいるってことがわかり
僕も　生きていてよいのだと思えるようになりました

「ぼくは　必要のない人間です」が、「こんな僕でも　必要としてくれている人がいる」に変化し、「生きていてもよいのだ」と思ってくれた。この教室が、確実にTくんの心を癒やしているのが見てとれて、うれしかった。

Tくんのニコニコ顔は、彼が自分の身を守るために発明した「鎧」だった。人から嫌われたくなくて、いつも意味のない笑顔を浮かべている。それが、かえって人をいらだたせることもあった。

ところが、この授業に参加するようになってから、Tくんの顔からだんだん作り笑いが消えていった。ときに、愛想のないブスッとした表情もできるようになってきた。やがて、心から笑えるようになっていった。そんなTくんが、最後の授業に書いてきてくれた詩。

気持ち

これから先　どんなことがあるかわからないけど

少しでも　僕のことを必要と思い
気に掛けてくれている人がいることを　忘れずに
前向きに生きていきたいと　思えるようになりました

ああ、やっと生きる気力を持ってくれた、とほっとしていると、Tくんの向かいの席の子が、いきなり机から身を乗りだして、「おい。おれ、おまえのこと好きだからな。死ぬんじゃないぞ！」と叫んだ。それは、いつもドラ猫のように肩をいからせている強面の子だった。この教室には珍しいタイプだ。実はTくんは、この強面くんのことが大の苦手だった。恐くてならなかったのだ。

その強面くんから、突然「好きだからな。死ぬんじゃないぞ！」と言われ、Tくんはびっくりして強面くんを見ていた。それから、ゆっくりと笑顔を浮かべ、うん、と頷いた。ほんものの笑顔だった。強面くんも、照れくさそうな笑顔を見せた。ドラ猫のような強面くんが、急にかわいらしく見えてきた。

授業のあとに、強面くんが教官にしみじみこう語ったそうだ。

「先生、人って、話せば通じるんですね」

彼は、ゲンコツがコミュニケーション手段であるような家庭で育ってきた。殴るか殴られるか、言うことを聞かせるか聞かされるか、それしかない世界で育ってきたのだ。それが「言葉」が通じることを、この教室で実感してくれた。

家庭は密室だ。そのなかだけで世界が完結していると、とんでもないことが起きることがある。虐待の末に幼い子を殺してしまうのも、密室性ゆえだろう。

親類、ご近所、学校など、親以外の大人と触れあえる場所があれば、救われる子もいるに違いない。「こども食堂」などに、そんな子どもたちがアクセスできて、相談もできれば、と願わずにいられない。

家庭のない子

家庭も千差万別で、劣悪な状態のことがある。しかし、その家庭すら持てなかった子も、刑務所には来ていた。

地図

子どものころ　マンガに夢中になる小学生がいても
地図なんかに夢中になる小学生は　あまりいないだろう
でも　ぼくはマンガよりも　地図が大好きだった
地図には　ぼくが暮らす施設が載っていた
地図には　離れて暮らす母の団地が載っていた
地図には　団地の近所の公園やスーパーも載っていた

施設では　先輩のいうことが絶対で　ぼくたち年下は　毎日殴られた
歯を折られた友だち　顔に火をつけられた友だち　風呂で死にかけた友だち
大切にしていた流行のカードやゲームも
数えきれないほど取られ売り飛ばされた
まわりの大人は大事にならない限り助けてくれず　なんの役にも立たなかった

そんな施設が　先輩たちの城であり　ぼくたちの牢獄だった
苦しくて　無力で　どうしようもなくて
こんなところから早く出たくて　毎日だれかが泣いていた

そんなとき　地図を見れば　少し　心が和んだ
数十キロ離れていても　地図を見れば　母と繋がっている気になれた
思い出をたどるように　母と通った道や行った場所を　夢中で探した
みんなが好きなマンガより　ぼくは地図が好きだった

ぼくが生きていて　母が生きている時間が　十二年
ぼくが生きていて　母が死んでからの時間も　十二年
ぼくにとって一つの節目なので　母に捧げる詩を書きました

Uくんの朗読を聞いて、涙を抑えられなかった。Uくんは「刑務所の方が施設よりずっとましです」と語った。教室の仲間たちは「たいへんやったんやね」「同じ実習場なので、支えてあげられたらと思います」と、やさしい言葉をかけてくれた。

もちろん、いい施設もある。しかし、人手が足りずにこんな事態が起きているところもあるだろう。法改正により、より多くの人員が配置されるようになったのは喜ばしいことだ。しかし、家庭のないさみしさは、なかなか埋められない。これも施設で育った子の詩。

クリスマス・プレゼント

五十二人の仲間のクリスマス
ごちそうを食べて　ケーキも食べて
ゲームをやって　思いっきり笑って
プレゼントだって　もらえるんだ
寝ているあいだに　だれかが
こっそり枕元に置いていってくれるんだよ

それが　サンタさんなのか　学園の先生なのか
ぼくは　よく知らないけれどね

でも　ほんとうにほしいものは
ごめんね　これじゃない　ちがうんだ

サンタさん　お願い
ふとっちょで怒りん坊の
へんちくりんなママでいいから
ぼくにちょうだい
世界のどっかに　きっとそんなママが
余っているでしょう
そのママを　ぼくにちょうだい
そしたら　ぼく　うんと大事にするよ

ママがいたら　きっと
笑ったあとに　さみしくならないですむと思うんだ

ぼくのほんとうのママも
きっと　どこかで　さびしがってるんだろうな
「しゃかい」ってやつに　いじめられて　たいへんで
ぼくに会いにくることも　できないでいるんだろうな

サンタさん
ぼくは　余った子どもなんだ
どこかに　さみしいママがいたら
ぼくがプレゼントになるから　連れていってよ

これからはケンカもしない　ウソもつかない
いい子にするからさぁ！

「サンタさん／ぼくは　余った子どもなんだ」という言葉が、なんともやるせない。だれからも望まれていない、愛されていない余った子どもだと感じているなんて……。親と離れて暮らしている子には「見捨てられ感」が強い。だから「根源的自信」を持つことがむずかしい。
それを支える周囲の温かい気持ちが、なによりも大切だ。

あたたかい手

ねえ　かあさん
あなたの手は
ときに　強く抱きしめてくれた

ときに　やさしく涙をふいてくれた
ときに　怒られ　叩かれ　冷たい手だと感じたけれど
どんなときでも
あなたの手は　あたたかい手

そんな手を持つあなたが　大好きです

Vくんの詩に、教室の仲間が、次々に感想を述べた。

「いいおかあさんだと思いました」

「親への感謝をすなおに言えていいなあと思いました」

前向きの感想が続くなか、Wくんだけが否定的な言葉を述べた。

「ぼくは、親に感謝するような話に、いつも反発を感じてきました」

少し間を置いて、Wくんはこう付け加えた。

「でも、いま気がつきました。ほんとうは、ぼく、うらやましかったんだなって」

Wくんは児童養護施設で育った。さみしさを封印してきた彼が、自ら心の扉を開いて、はじめてすなおな気持ちを述べた瞬間だった。

「では、最後に作者のお話を聞きましょう。Vくん、いかがですか」

気軽に聞いたが、Vくんの返答に、金槌で頭を殴られたような衝撃を受けた。

「はい。実は自分は、親とは赤ん坊の頃、二年間だけしかいっしょに過ごせませんでした。顔も覚えていません。こんなおかあさんがいたらいいなあ、という夢を書きました」

Vくんもまた、親の愛を知らなかったのだ。

「反発を感じた」というWくんは、はっと顔をあげて、Vくんを見つめた。

「愛」を求めて人生を踏みあやまる

「反発を感じた」と言ったWくんは、次の授業に、こんな詩を書いてきてくれた。

愛について考える

愛って
もらうものではなくて　与えるもの
与えようとする気持ちこそが　愛
もらいたい気持ちは　欲

ぼくは　家族の愛を知らずに育った
だから　家族の話をきくと　いらだちしか湧かなかった
でも　それはうらやましかったからだ　と
いまは　素直に思える

愛を欲しい自分
愛を与えたい自分に　気がついたから
これからは
「与えてもらえる人になるため　人に与えていきたい」って思う

Wくんは、心のなかのさみしさをようやく認めることができた。わけのわからないいらだちの原因を特定できたことで、かなり楽になったようだ。「愛」を渇望する心が切ない。友でも恋人でも会社の上司でもいい、いい人に巡りあえたらと願わずにいられない。

しかし、世の中は恐ろしいところだ。愛を渇望する気持ちを利用して、相手を支配しようとする人に出会うと悲惨だ。その人に好かれたい、認められたいがゆえに、言われるがままに悪事に手を染めてしまうケースもある。

「いや、そんなのは自己責任だ。親がいなくても、どんな逆境にあっても、りっぱに育つ人はいる。心が弱いから犯罪者になるのだ」

そんな声もある。しかし、それはほんとうに「自己責任」なのか。

心が頑丈で強い人もいれば、繊細でか弱い人もいる。過酷な体験をしても強く生きられる人もいるが、心が傷ついてしまい、歪んでしまう人もいる。どんな心の弱い人でも、繊細な人でも、社会に受け容れられ、人々の助けを得てやっていける。そんな社会こそが、すべての人にとって、しあわせな社会なのではないだろうか。

絶対に否定しない

社会性涵養プログラムの詩の教室で大切にしていたことの一つは「否定しない」だった。たとえば「死にたい」と書いてくる子がいても「そんなこと言うな」「死んだりしちゃだめだ」とは言わない。「そうか、ほんまにしんどいんやね。よく言ってくれたね」と受けとめ、寄り添う。

こんな子にも同様に寄り添っていった。

好きなもの

わたしの好きなものは　カクセイザイです
もうつかまりたくないので　使用しません
一度でも使うと　またずっと使いそうで　いやです

普通なら「とんでもない！」と叱られるところだが、教官たちは「そうかあ。よくすなおに言ってくれたな」と伝え、「自分のほんとうの気持ちを言えるのは大事なことだよ」と支持もする。もちろん覚醒剤を認めているわけではない。ただ、本音を言えるようになり、自分の無力を受け容れるところから、薬物離脱への第一歩が始まるのだ。弱音や本音を吐けること、吐ける場所があること。それが人生を楽にする。

こんな本音を書いてきてくれた子もいた。

自分の希望

日本の刑務所を　こんな風に変えてほしいです

仮釈放の制度を変える

髪型自由

看守はだれに対しても　敬語を使う

受刑者にも敬語を使い　敬意を払う
舎房をホテルのようにきれいな部屋にする
部屋をもっと大きくする
テレビの時間自由　ゲーム機持ち込み可　インターネットの使用可
就寝起床時間自由
つづいて　刑務作業・受刑服なし
仕事自由　外部通勤だれでも可　一定期間のみ帰宅可能
映画を見たり本を読んだりできる処遇をもっと増やす
買い入れ自由　電話・メールの使用可
いつでも運動・入浴可能
また　入浴は必ず一日一回　夏期においては二回
いつの時間でも舎房を準開放状態で　トイレと部屋を分ける
ほぼどんな物でも　持ち込み可能
刑務所外に就職できたら　仮釈放にする

いつの時間でも飲食可能
舎房には冷暖房完備　常夜灯なし　電気自由使用　視察禁止
……きょうは控えめにこれくらいで

なんともあっぱれな本音だ。こんなことを表現してもいいんだと受講生が思ってくれているのが、うれしかった。この詩をみんなで声に出して読んだら、「胸がスカッとしました」とだれもが笑顔になった。「懲らしめる」だけでは更生できない。心の内を表現することで、内にこもった怒りや悲しみが解放され、問題を起こさないでも済むようになる。

つぐなう心

絵本を読んだり、詩を書いたり、刑務所のなかで遊んでいるように感じられるかもしれない。けれど、こんな「遊び」のなかで、彼らは確実に癒やされ、成長していく。頑なに身につけていた鎧を外し、心の扉を開き、自分の感情をいきいきと感じられるようになると、はじめて、彼らのなかに他者に対しての思いやりが生まれる。そのときになってようやく、彼らは、自分の罪に気づくことになるのだ。そして、その重さに圧倒される。

つぐない

つぐない
きびしい刑務所生活
いつもかんがえる
被害者の心のキズ
つぐない
つぐないきれない

あやまち
もう二度と

つぐない

犯した事件
生きているまで
つぐないつづける

わたしたちは一度も「反省しなさい」「自分を見つめなさい」と教室で言ったことがない。それなのに、彼は、自分からこの詩を書いてきてくれた。うれしかった。

心を閉じている人に、いくら反省を迫っても意味がない。大切にされたことのない人に、人の命や人生の大切さを説いても伝わらない。彼らは、大切にされることで、はじめて他者の大切さを知り「とんでもないことをしてしまった」と感じるようになる。

そもそも、犯罪者でなくても「自分の悪いところを見つめなさい」といわれて、直視できる人は少ないだろう。できれば見ないで済ませたい、というのが人情だ。

それが、恐ろしい犯罪ともなれば、自分がしたことから顔をそむけたくなるのも当然ではないだろうか。それを「さあ、見ろ。おまえはこんなひどいことをしたんだぞ」と力ずくで首をねじって見つめさせようとしても、うまくいくわけがない。

遠回りに思えても、彼らに対して人として向きあい、あなたもまた大切な一人の人間なんだと心から伝え、固く閉ざした心の扉を開いてもらい、自分の命の大切さに気づいてもらわなければならない。そこに気づいてこそ、他者の命の大切さ、人生のかけがえのなさに、彼らはようやく気づくのだと思う。そして、自分の犯した罪の大きさを思い知り、深く悔い、罪を背負って、つぐないの人生を歩みはじめる。

座の力・場の力

変わらない子はいなかった

　このような授業を続けていくと、受講生たちの様子がみるみる変わっていく。わずか半年の授業だが、最初と最後では、教室の雰囲気がまるで違ってくる。一人が鎧を脱ぎ捨て、心の扉を開けると、連鎖反応で、みんなが次々と心の扉を開けていく。やさしい言葉が教室のなかを飛び交う。一人として、変化の見られない子はいなかった。

　　　なんか……

笑いが笑いになっていなかったN君

なんか……子どもになれたなぁ
どこか人をにらんでいるようだったT君
なんか……やわらかくなったなぁ
いつも力がはいっていたU君
なんか……自然体になったなぁ
警戒心が半端じゃなかったK君
なんか……人を信用できるようになったなぁ
グループの中で一番緊張していたM君
なんか……言葉がすっとでるようになったなぁ
すごく気を遣っていたN君
なんか……よくあくびをするようになったなぁ
それだけ気を抜けて　安心できる場になっているんだろうなあ
このグループに関われて　うれしいです

的確に教室の変化を描いてくれた詩だ。それぞれ独自に考案した鎧をまとっているから、最初はみんなひどくバラバラな印象だが、呪いが解けて鎧がはずれると、一様に表情がなごんでくる。どの子も、かわいく見えてくるから不思議だ。と同時に、実年齢よりも幼かった彼らの心が育ち、年相応に見えてくるのも面白い。

得たもの

はじめて　この教育を受けたとき
なぜ　このメンバーが選ばれて
なぜ　そこに自分が入っているのか
なにが　人より劣っているのかと
考えれば考えるほど嫌になり　自己嫌悪に陥った
だから　次から行かなくなった

でも　自分の性格の不便さは　誰よりもわかっていたから
また参加したいと思うようになった
それでなにが変わるか　わからないけれど
なにかのきっかけになるかもしれない　と思って

半年前のぼくは　からっぽのロボット
どうしてみんな　あんなつまらないことで
大げさに喜んだり悲しんだりできるのかと　いつも感じていた
まわりの人間が　テレビの司会者のつまらない冗談に
手を叩いて　必死で笑うタレントのように見えた
心でそうは思っているくせに　なんとなくみんなに合せてる自分を
もう一人の自分が　とてつもなくつまらない奴だと感じていた

それでもこの半年　ぼくはよく笑うようになった

絵を描いたり　詩を書いたり　他愛もない話をしたり
そんなことをして
なんの意味があるのかと　首を傾げる人もいるかもしれないが
お決まりの反応を繰り返す　ロボットみたいな自分が
いまは心から笑え　少し　楽しく感じられるようになった
なんだか　世界の見え方が　変わってきたみたいだ

「性格の不便さ」という言葉がリアルだ。そう、彼らは不便を感じてきたのだ。ヘレン・ケラーは「障害は不便だけれど、不幸ではありません」と言った。彼女は、聴覚も視覚も失っていた。それでも、不幸ではないと明言している。刑務所の彼らだって、不便でも不幸ではない生き方ができるはずだ。そのために必要なのは、適切な支援だ。

その支援は、実はそんなにむずかしいことではないように、わたしには思われる。たった半年、月三回しかない授業を受けただけで、彼らはあんなにも変わったのだ。癒やされ、心を開き、生きにくさが、和らいでいった。

自分のことを「からっぽのロボット」のように感じていたXくんも、いきいきとした感情を取り戻してくれた。Xくんは、最後の授業の日に、こんな詩を書いてきてくれた。

出逢い

良い出逢いなんて　ある訳ないと思っていた
すぐに離れていくと　感じていた
それならずっと独りでいいと　思い続けてきた
でも　いまはすべて逆のことを感じている
ほんとうに人生を変える　いい出逢いだと思う
もう　これからは独りじゃない
こう思えたのは　あなたたちが居てくれたから
この出逢いは　ぼくの宝物です
ほんとうに　ありがとう

同期のYくんも、こんな詩を書いてくれた。

一期一会(いちごいちえ)

いつも出会っているみんなと　きょうが最後の授業
刑務所　という場所でありながら
こんな出会いに恵まれ　別れに辛くなる自分がいる
一生忘れない　この濃い最高のメンバーと
社会で　出会いたかった
それが　唯一の後悔かな
最高の半年間を　ありがとう

みんなから、すばらしい贈り物をもらったような気持ちになった。

ほんとうに、刑務所に来る前に、彼らがこんな授業を受けられたら、と心から思う。そうすれば、刑務所に来ることもなかったのではないか。わたしたちが彼らにしてあげられたのは、ほんのわずかなことだ。彼らは、そのわずかなことさえ、人生のなかで受け取れずに生きてきた。ここにいる「犯罪者」とは、そんな子たちなのだ。

人は人の輪のなかで育つ

「社会性涵養プログラム」の授業は高い効果をあげた。なぜだろうか。いくつかの要因が考えられる。

ある会合で講演をさせてもらったとき、更生教育に尽力されている方が感激して、Gくんの『夏の防波堤』を「いい詩ですねえ。大きな魚が小さな魚を追いかける。弱肉強食の世界が、よく描かれていますねえ」と誉めてくださったことがあった。

なるほど、そんな解釈もできるのかと感心したが、それは違うかも、とも思った。そのとき、なぜわたしたちの「物語の教室」が高い成果をあげたのかに気づかされた。

もし教室で「弱肉強食の世界がよく描かれている」と誉められたら、Gくんは、どう思っただろうか。うれしくなかったかもしれない。むしろ、「そんなつもりじゃなかった」「誤解されて誉められている」と不安になった可能性もある。

既成概念や知識といった世間の物差しを当てて評価するのではなく、そこにある詩を、あるがままに受け取ることこそが大事なことなのだろう。教室の仲間たちは、すなおでまっすぐな感想を述べてくれた。最初からそれができていた。なぜそうだったのか。

彼らには、気の利いたことを言う知識も機知もなかったのかもしれない。相手を計るべき持ち合わせの定規がなかったのかもしれない。でも、だからこそGくんは、深く癒されたのだろう。裸の心でつながりあうことのできる教室だったから。

あるとき、熱心なことで評判の教誨師の方から、尋ねられたことがある。

「ある受刑者と、毎月二回、二年間面接を続けているのですが、一向に変化が見られません。先生の教室では、半年でみな変わると聞きましたが、一体どのような『指導』を？」

その方はご高齢の僧侶で、わたしのような新米に、わざわざ尋ねてくださるなんて、と恐縮した。しかし、そう言われて、はたと気づいた。わたしたちは「指導」をしていない。心を砕いたのは、彼らが安心・安全だと思える場作りだった。「指導されない」ということが、彼らをほっとさせたのかもしれない。

もう一つ、思いあたったのは一対一ではなかったということ。教誨師と受刑者は、常に一対一だ。その僧侶は、実に思いやり深い方で、誰に対しても腰が低く、常に受刑者と同じ目線で話そうと努力なさっていらした。そんなやさしいお坊さんでさえ、受刑者から見れば、どうしても自分とはかけ離れた存在に見えてしまう。その距離感があってこそできる教育がある。宗教は魂を深く救ってくれる。教室とは役割が違うのだと思った。

社会性涵養の教室にいたのは、自分たちと同じ境遇の仲間たちだった。だから、安心して自己開示し自己表現できた。表現すること自体が、一つの癒やしになる。そこには、受けとめてくれる仲間がいる。それが、さらに深い癒やしをもたらしたに違いない。

グループだからこそ、一対一とは違う大きなうねりが生まれ、互いに交感しあい、連鎖反応を起こし、次から次に心の扉を開けたのだろう。すると、心の内に埋もれていたやさしさが、堰(せき)を切って流れだす。そのやさしさが、互いの心をまた癒やしていく。「人は人の輪のなかで育つ」ということ、「場の力・座の力」を実感した。グループ・ワークならではのダイナミズムだ。

「詩の力」も確実にあった。詩は、魂のかけらを宿す神聖な言葉だ。魂がバレてしまうかもしれないから、詩を書くには勇気がいる。心の襟（えり）を正さないと書けない。そのハードルを越えた言葉を、だれかに受け取ってもらえたときの喜びは大きい。魂そのものを受容してもらったような、深い癒やしが得られる。だから、彼らは、あの短い授業のなかで、あんなに大きく変化し、成長したのだろう。まさに「芸術の力」だ。

現代では、ＳＮＳやスマホのラインでたくさんの言葉が飛び交っている。しかし、それらの言葉は、飲めば飲むほど喉が渇く甘い飲み物に似ている。それは詩の言葉とは違う「消費される言葉」だからなのかもしれない。

細水統括は、絵や詩の授業をあえて「遊び」と位置づける。子ども時代に充分に遊びを楽しむことのできなかった人々の心を耕して、自由で好奇心あふれる健康な心を育てるための「高尚な遊び」なのだと。その喜びを知ると、生きる喜びを感じられるようになり、仕事さえも一つの遊びとして、わくわく楽しむことができるようになる。彼らの心の健康な部分を伸ばすことで、結果的に問題行動が目に見えて減り、社会性が涵養されていく。

詩の教室は作文教育の「生活綴方（せいかつつづりかた）」に近いが、違う点は「事実でなくても構わない」

点だ。夢でも嘘でもいい。この縛りのなさが、彼らの心をさらに自由に解放したと思う。

わたしが担当したのは「社会性涵養プログラム」全十八回の中の「物語の教室」六回にすぎない。そんなかで見聞きし感じたことを記してきた。しかし、「社会性涵養プログラム」の三種類の授業が全体として総合的に機能していたことは間違いない。SSTや絵の授業がさまざまな側面から彼らの心をほぐし、癒やし、心の鎧を緩めて、はずす力になっていった。そして、彼らのなかに、いきいきとした心を育てていった。

その大前提となったのが、受刑者たちを安心させ、彼らにとって安全な場所を作り、信頼関係を築いてくれたベテラン教官の存在だ。竹下教官と乾井教官が、どれだけ場をなごませてくださったか。彼らと、深い心の絆を築いてきてくださったか。それなしには、「物語の教室」が、ここまでうまくいくことはなかっただろう。

そして、そのすべての底に、奈良少年刑務所という有機体の力があった。二十四時間体制で、彼らと接している職員たち。「おやじ」と呼ばれる刑務官はきびしい父親役、教官たちはやさしい母親役だ。外部講師、教誨師、篤志面接委員たちは、外の風を入れてくれる親類のおじさんやおばさん。更生保護女性会は世話を焼いてくれるご近所のおばさん、

ＢＢＳ（ビッグ・ブラザーズ＆シスターズ）は、頼りになるお兄さんやお姉さんだ。
それぞれの人がそれぞれ働きかけ、刑務所全体がまるで一つの生き物のようになって、更生に向けての明るく希望のある雰囲気を醸（かも）しだしていた。

その有機体の一要素として、奈良少年刑務所の建築があったことも忘れてはならない。設計者は山下啓次郎、明治政府の司法省技官だ。日本に近代的な刑務所を設計するために、彼が西洋諸国で三十数カ所の刑務所を視察して学んできたのは、単に建築技術だけではなかった。「犯罪者といえども、人非人（にんぴにん）として手荒く扱うのではなく、人として尊ぶべきである」という「人権意識」だった。それを見事に形にしたのが、この建築物だ。だからこそ、あんなにも美しく、しかも威圧感がない建築物になったのだろう。それゆえに人々に愛され、多くの協力者も集まってきた。わたしも、美しい建物に惹かれて刑務所と接点を持った一人だった。まさに「美の力」のなせる業だ。

細部まで美を意識したあの建物は、少年たちの心を育てるのにも役立ったことだと思う。無味乾燥な四角い建物で四年も五年も暮らすのとは、ずいぶん違ったのではないか。

学校に校風があるように、刑務所にも伝統の「所風」がある。奈良少年刑務所は、ほんとうにいい刑務所だった。戦後七十年以上、少年たちの更生を目指して積みあげられた伝統の結晶だった。それが、廃庁により、バッサリ切られてしまったことは、返す返すも残念でならない。タンポポの種が飛ぶように、奈良少年刑務所での成果が、新しい職場に転勤していった刑務官や教官たちによって芽吹いていてほしい。

生まれつき悪い人なんかいない

受刑者たちから教えてもらったことは多々あった。なにより「人は変われる」「人間は本来やさしい生き物だ」と信じることができたのは、大きかった。竹下教官はこう語る。

「生まれつき真っ黒い心を持って生まれてくる赤ちゃんなんていないんです。みんなまっ白な心を持って生まれてくる。それが、生育の過程で傷ついてしまう。その傷をうまく癒やせないと、心が引きつれて歪んでしまい、犯罪に至ってしまうのです」

少年院勤務時代、竹下教官はある少年に「先生、変わらなくていいんですよ。元に戻ればいいんです」と言われて、目から鱗（うろこ）が落ちたという。

「それまでのぼくは『変わりなさい』って言っていました。でも、それは、その子を否定することになりかねない。彼らも、自信がないので、目に見える結果ばかり追い求めて苦しくなりがちです。そうではなくて、身につけてきた余計なものを取り去り、もう一度赤ちゃんの心に戻る、元に戻るということが大事なんです」

そうか、教室にやってきた彼らは、変わったのではなかったのだ。本来の自分に回帰していったのだ。だから、あんなに芯から輝いて見えたのだろう。「愛されたい」という気持ちが、彼らの本質だった。自分のその気持ちにすなおになるほどに、仲間を思いやるやさしさが自然とあふれてきた。

そう思って、改めて奈良少年刑務所を見ると、高い煉瓦の塀が、彼らを閉じ込める意地悪な塀ではなく、彼らを過酷な世間から守る頼もしい防波堤に見えてきた。塀の内側にいる大人たちはみな、彼らがしあわせに生きることを願っている。刑務所は、育ち直しをするための巨大な揺りかごだったのだ。

彼らがしあわせであることが、再犯をしない大きな条件になることは疑いがない。加害者の更生支援は、未来に悲しい被害者を出さないために、どうしても必要なことだと思う。

彼らの未来のために

　奈良少年刑務所で月に一回、彼らと過ごす時間は、わたしにとってかけがえのないものになっていった。みるみる変化していく彼らを見て、こんなわたしでもなにかの役に立っているのだと実感できた。それは、わたし自身の自己肯定感を高めてくれた。感謝している。彼らのおかげで、わたしも変わった。人間という生き物を信頼できるようになった。言葉の持つ力を体感させてもらった。世界の見え方まで変わってきた。

　刑務所という大きな揺りかごのなかで心を癒やした彼らも、いずれは社会という荒波のなかに戻っていかなければならない。そこには、麻薬の売人もいれば、彼らに刑務所帰りという烙印を押して蔑(さげす)む世間の強い差別もある。いくら自己肯定感が育ったとはいえ、心折れることもあるだろう。そんなとき、彼らに励ましあう仲間がいれば、と思う。「社会性涵養プログラム」の同窓生が集って、互いに詩を読みあう詩の教室のような時間を持てたら、どんなにいいだろう。

　しかし、いまの政府の方針では、刑務所を出所した人々を、なるべく会わせないようにしている。会えば、つるんでまた悪いことをするだろうという考え方だ。

薬物やアルコールの依存者には、ダルクやＡＡＡのように離脱するための互助組織がある。元犯罪者にもそんな場がほしい。彼らだけで集まれば、思わぬ方向に走りだすかもしれないが、教室に指導者がいたように、その場を見守る立場の人がいれば、それはとても有意義な、心癒やされる場になるはずだ。出所者を温かく受け容れ、彼らに仕事と住むところを提供する「職親プロジェクト」も進んでいるが、まだまだその数は少ない。

わたしは、心配でならない。ただでさえ不器用な子たちだ。外に出て、きつい差別の目で見られたら、どんなに苦しいだろうか。世間の荒波にもまれて、元の木阿弥（もくあみ）にならないか。乾井教官は、こう言ってくれた。

「彼らには、だれかに受けとめてもらう経験がなかった。それが、社会性涵養プログラムを受けて、世の中には受けとめてくれる人がいるんだと知ったんですよ。０が１になった。それはとても大きなことです。彼らの力を信じましょう」

彼らが更生するためには、二つの要素が必要だ。一つは、彼ら自身の更生への意欲。そして、もう一つは世間の理解だ。この本が、その一助となることを願ってやまない。

こんなボク

こんな未来を　ボクは望んだだろうか
こんな未来を　ボクは想像もできなかった

こんなボクの　どこを愛せるの？
なぜ　そんなにやさしい眼で見れるの？
「だいじょうぶ　まだやり直せるよ」って言えるの？
こんなボクなのに……

こんなボクなのに　ありがとう　かあさん

みんなが、このおかあさんのような心でいてくれたら、彼らはきっと更生できると信じています。どうか、よろしくお願いします。

道

ぼくは　道を歩いている
でも　その道は真っ暗闇の道
目を大きく見開いても　何も見えない
手を伸ばしても　伸ばしても　何もつかめない
前を歩いているのか　後ろに歩いているのかも　わからない
ぼくは悲しくなり　歩くのを止めた
あの時は……

でも　いまは違う
ぼくには　道が見えている
その道は　たしかに小さくて細くて不安定な道だけど
ピカピカ光っている

だからもう
悲しくなったり　歩くのを止めたりしない
ぼくは　その道を一歩一歩　確実に歩いていく

歩んでいってほしい。そのまままっすぐ、どこまでも歩いていってほしい。もう二度と戻ってくるんじゃないよ。

ありがとう。きみたちとの時間は、心の森林浴のようでした。人間という生き物を信じさせてくれるすばらしい体験をさせてくれた受講生百八十六名の一人一人に、ありがとうを言いたい気持ちです。

教室を支えてくださった数多くのみなさま、出版を強く薦めてくださった西日本出版社の内山正之さん、そして、足かけ十年、わたしといっしょに歩み、ともに受刑者たちに向きあってくれたわが伴侶・松永洋介に、深い感謝を捧げます。

わたしたちをここに導いてくれた名煉瓦建築に乾杯。その美の永遠であらんことを。

著者略歴

寮 美千子（りょう・みちこ）

作家。1955年、東京に生まれる。毎日童話新人賞、泉鏡花文学賞を受賞。2007～16年、奈良少年刑務所において絵本と詩を使った「物語の教室」の講師を務める。関連書に、受刑者の詩をまとめた『空が青いから白をえらんだのです 奈良少年刑務所詩集』（新潮文庫）、『世界はもっと美しくなる 奈良少年刑務所詩集』（ロクリン社）、『写真集 美しい刑務所 明治の名煉瓦建築 奈良少年刑務所』（西日本出版社）がある。

あふれでたのは やさしさだった

奈良少年刑務所 絵本と詩の教室

2018年12月7日　初版発行

著者
寮 美千子

発行者
内山正之

発行所
株式会社西日本出版社
http://www.jimotonohon.com/
〒564-0044 大阪府吹田市南金田1-8-25-402
営業・受注センター
〒564-0044 大阪府吹田市南金田1-11-11-202
TEL:06-6338-3078 FAX:06-6310-7057
郵便振替口座番号 00980-4-181121

協力（敬称略）
法務省矯正局、細水令子、竹下三隆、乾井智彦、松永洋介

装幀
水戸部 功

編集
河合篤子

ISBN978-4-908443-28-2 C0095